BRUTAL DIGITAL

~~Un~~fairer digitaler Vorteil für Versicherungsmakler und -vermittler

Yannick Leippold

Einführung

Die gesamte Finanz- und Versicherungsbranche befindet sich im Umbruch. Oberflächlich sehen wir die Veränderungen beispielsweise daran, dass in den letzten Jahren viele neue und angeblich disruptive Geschäftsmodelle entstanden sind. Gerade die heiß diskutierten Start-ups aus dem Bereich Insurtech bekamen eine Menge Vorschusslorbeeren. Doch ganz so revolutionär waren viele dieser Firmen offensichtlich nicht, sie existieren längst nicht mehr. Andere wiederum konnten Fuß fassen und bedienen den Markt mit innovativen Lösungen. Nichtsdestotrotz: Auch wenn es Licht und Schatten gibt und längst nicht alle Neuerungen funktionieren, sehen wir meiner Meinung nach nachhaltige und umfassende Veränderungen. Sie geschehen zwar nicht von heute auf morgen, die Gefahr für manch etablierten Player und sein Geschäftsmodell halte ich aber für real. Deshalb kann man von dieser Entwicklung halten, was man will, die Branche insgesamt muss sich verändern. Dieser Druck wirkt auf dich als Makler oder Vermittler. Keiner kann sich zurücklehnen und nichts tun. Dieses Buch widmet sich daher den Strategien, die du als erfolgreicher Mitspieler in der Versicherungsliga von morgen brauchst. Ich gehe sogar noch weiter: Nur wenn du die hier vermittelten Grundlagen verstehst, akzeptierst und im Unternehmen umsetzt, wirst du künftig erfolgreich sein. Das gilt für alle Vertriebsformen – die Unterschiede zwischen Makler und Vermittler spielen dabei kaum eine Rolle.

Dieses Buch soll dir als eine Art Wegweiser dienen, der angesichts von Digitalisierung, Veränderung der Zielgruppen, bislang unbekannten Playern und einer neuen Arbeitswelt erfolgserprobte Strategien vorstellt. Es beruht auf unzähligen Erfahrungen und Best Practices, die ich in den letzten zehn Jahren in der Versicherungswirtschaft gewinnen und umsetzen konnte. Ich möchte sie deshalb mit dir teilen, weil die Transformation unserer Branche enorme Kräfte entfaltet und ich den Eindruck habe, dass viele Makler und Vermittler den Druck unterschätzen. Für mich ist ganz klar: Wer ohne Veränderungen weiterarbeiten möchte und die Praxis der letzten 20 Jahre einfach fortführt, wird zu den Verlierern gehören. Denn mit den Rezepten von gestern lassen sich immer weniger Kunden sowie potenzielle Mitarbeiter erreichen und die internen Abläufe verlieren an Wettbewerbsfähigkeit. Diese Entwicklung beobachte ich heute schon ganz deutlich. Diversen Büros fehlt offensichtlich die richtige Strategie, um ihr Geschäft an die veränderten Rahmenbedingungen anzupassen. Und genau hier setzt dieses Buch an. Es behandelt alle wichtigen Unternehmensbereiche und zeigt dir Werkzeuge, mit deren Hilfe dein Büro zukunftssicher wird. Das ist nicht nur so daher gesagt, alle Strategien auf den folgenden Seiten haben eines gemeinsam: Sie funktionieren bei mir oder bei meinen Kunden in der täglichen Praxis. Schließlich nutzen erfolgreiche Maklerunternehmen schon heute saubere und systematische Prozesse als Erfolgskonzept. Dieses Buch zeigt dir, wie du Verbesserungspotentiale besser analysierst und dein Unternehmen messbar optimierst.

Die theoretischen Grundlagen dieser Veränderungen beschränke ich so weit wie möglich, stattdessen stelle ich immer wieder den Praxisbezug der geschilderten Strategien her. An vielen Stellen findest du konkrete Tools und Prozesse, die sich ganz häufig auch für dein Unternehmen adaptieren lassen. Selbstverständlich unterscheidet sich dein Betrieb von anderen, deshalb gibt es kaum pauschale Empfehlungen. Was in diesem Buch beschrieben ist, braucht meist die individuelle Anpassung an deine persönlichen Rahmenbedingungen. Die Konzepte dahinter gleichen sich jedoch weitgehend – zum Beispiel Digitalisierung und gesellschaftlicher Wandel beeinflussen jedes Unternehmen. Die nötige Anpassung ist in der Regel kein Hexenwerk, schließlich kennst du deinen Markt und deine Strategie selbst am besten. Vor diesem Hintergrund findest du den optimalen Weg für dich. Dabei solltest du stets beachten, dass alle Unternehmensbereiche zusammenhängen und sich gegenseitig beeinflussen. Die Chancen auf eine erfolgreiche Transformation erhöhen sich ganz erheblich, wenn du ganzheitlich denkst. Zudem entscheidet eine umfassende und zu deinem Büro passende Unternehmensstrategie darüber, wie du in Teilbereichen vorgehst und welche Schritte zum Beispiel in Richtung Digitalisierung sinnvoll sind. Der Blick aufs Ganze schärft also den Fokus fürs Detail und wenn die Gesamtstrategie steht, fällt die Konzeption der einzelnen Schritte leichter. Aber eines sollte dir dabei immer klar sein: Ein Unternehmen lässt sich nicht von heute auf morgen komplett umkrempeln – sofern dies überhaupt nötig ist. Oft reichen Anpassungen einzelner Bereiche, um in kürzester Zeit enorme Erfolge zu erzielen.

Das Buch startet mit den Grundlagen des digitalen Büros und behandelt alle entscheidenden Bereiche wie zum Beispiel Vertrieb, Kunden, Marketing und Personal. Die Kapitel werden jeweils mit der Vorstellung ganz konkreter Prozesse und Methoden abgeschlossen. Denn für viele Aufgaben von

Maklern und Vermittlern konnte ich in den letzten Jahren Tools und Lösungen ausfindig machen, die ich selbst nutze und die auch bei meinen Kunden funktionieren. Die genannten Lösungen eignen sich meiner Meinung nach gut für die Anforderungen unserer Branche. Dennoch gibt es sicher andere, die genauso sinnvoll sind und mit denen sich die beschriebenen Aufgaben ebenfalls erledigen lassen. Wenn du also mit deinen Systemen gute Erfahrungen gemacht hast und sie alle beschriebenen Bedingungen erfüllen, besteht kein Anlass zum Wechsel! Ohnehin sollte dein individueller Bedarf darüber entscheiden, welche Software für dein Unternehmen sinnvoll ist.

Mit Hilfe der Verbindung von strategischen Überlegungen und konkreten Praxistipps soll dich dieses Buch dazu motivieren, die derzeitige Transformation entschlossen anzugehen. Sich die aktuelle Entwicklung zunutze zu machen und heute schon die richtige Stellung für morgen zu schaffen, ist gar nicht so schwer. Du solltest es nur tun! Denn es gab noch nie eine bessere Zeit, um loszulegen. Schließlich existieren alle nötigen und bewährten Tools bereits heute. Natürlich können wir Veränderungen immer auf morgen oder übermorgen verschieben, aber diese Taktik hat noch nie geholfen. Denn womöglich ergreift dein Wettbewerber die Chancen in diesem Moment oder deine Zielgruppenansprache funktioniert morgen nicht mehr. Du weißt es nicht und deshalb kannst du dir ein Zögern nicht leisten. Und ich kann dir aus eigener Erfahrung versichern: Dein Mut wird belohnt! Greifbare Erfolge in Teilbereichen zeigen sich in der Regel sogar sehr schnell. Vielleicht hast du nach kurzer Zeit schon mehr Kapazitäten für deine Kernaufgaben oder du findest einfacher neue Mitarbeiter.

Doch ganz klar ist auch: Selbstverständlich braucht der Digitalisierungsprozess als Ganzes seine Zeit und du wirst garantiert Fehler machen. Die macht jeder! Doch dieser Aufwand ist gut investiert, wenn du die Bereitschaft zum Lernen mitbringst. Denn die Erfahrungen aus der Umsetzung neuer Strategien und die Arbeit an deinem Geschäftsmodell verschaffen dir einen enormen Gewinn. Am Ende weißt du deutlich besser, was du tust, warum du es tust und an welchen Stellschrauben du drehen musst – und zwar auf Basis nachprüfbarer Fakten. Weil viele Makler und Vermittler schnell messbare Ergebnisse erreichen wollen, möchte ich dir ein Angebot machen: Wenn du weitere Unterstützung bei Themen wie Digitalisierung, Prozessentwicklung, Mitarbeiter- gewinnung oder Vertrieb benötigst, stehe ich über das Buch hinaus gerne zur Verfügung. Nimm einfach Kontakt mit mir auf. Du erreichst mich über meine Webseite www.yannick.digital oder indem du auf LinkedIn oder Instagram nach meinem Namen suchst.

Alle Informationen zu yannick.digital, Insurgo und vielen weiteren Extras zum Buch findest du hier:

https://links.yannick.digital/buch

Aus Gründen der besseren Lesbarkeit wird in diesem Buch das generische Maskulinum verwendet. Weibliche und anderweitige Geschlechteridentitäten werden dabei ausdrücklich mitgemeint, soweit es für die Aussage erforderlich ist.

Aber jetzt Schluss mit der Einleitung. Lass uns direkt mit den Themen starten!

Das digitale Büro

Elementare Grundlagen der Digitalisierung

Dieses Thema steht nicht von ungefähr am Anfang des Buchs. Es bildet die Basis für die Strategien und Abläufe, die ich auf den folgenden Seiten schildere. Sie zeigen dir, warum *Digitalisierung* kein modisches Buzzword ist, sondern dass es sich dabei um einen konkreten Anwendungsfall für dein Unternehmen handeln muss. Ja, richtig gelesen: Nach meiner Erfahrung MUSST du dein Geschäft so weit wie möglich digitalisieren. Tust du es nicht, ist die Gefahr groß, dass du den Anschluss an den Wettbewerb verlierst. Und wenn nicht im Vergleich zum Makler nebenan und in den nächsten zwei Jahren, dann garantiert langfristig sowie durch neue Player mit radikal einfachen und attraktiven Geschäftsmodellen. Auch wenn diese Zeilen vielleicht dramatisch klingen, will ich mit dieser Prophezeiung keine Angst schüren; im Gegenteil! Die Digitalisierung vereinfacht das Geschäftsleben enorm. Sie verschafft allen Vermittlern und Maklern einmalige Chancen, du musst sie nur ergreifen!

Dieses Vertrauen in die Möglichkeiten der Digitalisierung und diverse Zweifel am konkreten Nutzen lassen viele Büros bislang jedoch noch zögern. Dazu kommen die eher durchwachsenen Erfahrungen mit den unterschiedlichsten Projekten, die ich in den letzten Jahren bei diversen Maklern und Vermittlern kennenlernen durfte. Denn für viele meiner Gesprächspartner hieß Digitalisierung bisher, einfach ein Maklerverwaltungsprogramm einzuführen oder sich einem Pool/Verbund anzuschließen. Mit deren Hilfe laufen dann zwar bestimmte Prozesse digital ab, das Geschäft als Ganzes bleibt allerdings weitgehend unangetastet. Sie sind auf halber Wegstrecke stehengeblieben. Wer wirklich profitieren will, sollte weiterdenken und seine Strategie grundsätzlich anpassen. Es gilt, das eigene Unternehmen umfassend zu modernisieren und alle Bereiche zu berücksichtigen. Aus meiner Sicht solltest du drei elementare Pfeiler der Digitalisierung berücksichtigen:

1. Digitalisierung heißt, verschiedene Bausteine einzusetzen

Das Geschäft von Vermittlern und Maklern umfasst viele unterschiedliche Facetten. Natürlich ist es zuallererst ein Geschäft mit anderen Menschen – ihnen Sicherheit zu geben und sie in finanziellen Angelegenheiten zu unterstützen. Genauso geht es jedoch um viel Bürokratie, die Zusammenarbeit mit Versicherern oder Pools, den Umgang mit Personal oder strategisches Management. Digitalisierung bedeutet daher zwangsläufig, sich um jeden dieser Punkte und noch um viele weitere zu kümmern. Das gilt umso mehr, weil alles miteinander zusammenhängt. Nehmen wir als Beispiel die Schadenmeldung eines Kunden. Hierfür brauchst du unterschiedliche Ressourcen, wie beispielsweise Mitarbeiter Schadenabteilung, digitale Schadenmeldung, Kundenverwaltung, Kundenapp, Bewertungstool, Prozesshandbuch und so weiter. Eine alltägliche Aufgabe, die unternehmensweite Ressourcen benötigt. Zugleich unterstreicht sie, wie wichtig reibungslose und ineinandergreifende Abläufe sind.

Nur wenn du alle Bereiche in deinem Unternehmen bei der Integration digitaler Prozesse berücksichtigst, kannst du wirklich von *Digitalisierung* sprechen und profitierst entsprechend. Vergleichen lässt sich dieses Prinzip mit einem Smartphone. Neu gekauft, taugt es zum Telefonieren, Surfen und einigen anderen Dingen. Die tatsächlichen Potenziale entstehen jedoch erst mit Hilfe von Apps wie WhatsApp, YouTube oder der App deines Autos und des Smart-Home-Anbieters. Was die Apps für ein Smartphone bedeuten, sind die Bausteine, Programme oder Services für dein Makler- oder Vermittlergeschäft. Auch hier existieren zahllose Angebote für jede nur denkbare Aufgabe und die Auswahl dieser Tools richtet sich nach deinem Geschäftsmodell und deinen individuellen Zielen. Wie beim Smartphone kannst du im Büro die benötigten Bausteine "herunterladen". Und immer seltener werden diese Programme bei dir installiert, vieles wandert stattdessen in die Cloud und du bist lediglich Nutzer.

2. Die Cloud ist die Zukunft

Eine wichtige Erkenntnis aus den vergangenen Jahren der Digitalisierung heißt: Programme laufen nicht mehr im Büro auf Servern oder PCs, stattdessen greifen wir über den Browser auf die entsprechenden Tools in der Cloud zu. Damit profitieren wir von diversen Vorteilen: Erstens braucht es keine lokale Installation mehr und damit kann die IT-Infrastruktur im Büro deutlich schlanker ausfallen. Zweitens fällt das Problem der Updates weg, diese Aufgabe übernimmt der Cloud-Anbieter. Drittens lassen sich Cloud-Angebote fast unbegrenzt und vor allem schnell skalieren. Je nach Geschäft kannst du zusätzliche Ressourcen einkaufen oder bestehende kündigen. Allerdings ist es wichtig, auf die richtigen Anbieter zu setzen.

So müssen einerseits die Standards etwa in Hinblick auf Datenschutz und Sicherheit gewährleistet sein, zudem müssen sich die unterschiedlichen Tools aber auch sinnvoll verknüpfen lassen.

Cloud ≠ Cloud

Auch die alten Softwareanbieter haben gehört, dass die Zukunft in der Cloud liegt. Allerdings fehlt vielen davon das Know-how für derartig moderne Anwendungen. Deshalb mieten sie einfach Server in einem Rechenzentrum, installieren dort ihre alten Programme und tun so, als ob sie ebenfalls Cloud-Anwendungen im Portfolio hätten. Ein Beispiel bieten viele der bekannten Kundenverwaltungsprogramme: Bislang durftest du die Anwendungen bei dir im Büro installieren und Lizenzgebühren bezahlen. Heute installieren die Anbieter die gleiche Software einfach auf ihrem Server. Der Unterschied besteht darin, dass du nun per Internet darauf zugreifst. Was du jedoch von der Cloud heute erwarten kannst – Bedienerfreundlichkeit, Prozessorientierung, Einfachheit und so weiter – findest du bei diesen in die Jahre gekommenen Programmen der Versicherungsbranche kaum. Es ist daher wichtig, ein wenig hinter die Kulissen zu blicken. Stell dir bei der Auswahl bitte die Frage, ob die Cloud-Lösung modernen Ansprüchen genügt oder ob es sich lediglich um alten Wein in neuen Schläuchen handelt.

3. Alle Bausteine greifen ineinander

Für das Makler- und Vermittlergeschäft sind die relevanten Bausteine aus der Cloud sinnvoll, die sich nachhaltig integrieren lassen und prozessseitig ineinandergreifen.

Denn meiner Erfahrung nach gibt es kaum Fälle, in denen alle nötigen Programme von einem Anbieter kommen. Jeder hat seine Schwerpunkte und je nach Geschäftsmodell und Einsatzzweck musst du auf unterschiedliche Dienstleister zurückgreifen. Zudem ändern sich Anforderungen und Prozesse, sodass du flexibel bleiben solltest. Es existieren jedoch ausreichend Tools zur Kundenverwaltung, Datenerfassung, Dokumentenverarbeitung, Kommunikation, Buchhaltung, Lohnabrechnung, Vertriebsunterstützung und vielem mehr, die sich vernetzen lassen – obwohl sie von verschiedenen Anbietern stammen. Hier kommt es darauf an, die für dein Unternehmen passenden Dienste zu identifizieren und diejenigen auszuwählen, mit deren Hilfe du ein komplettes und intern vernetztes Ökosystem aufbauen kannst.

Mitunter erfordert diese Aufgabe ein wenig Detailarbeit, sie lässt sich aber für jedes Einsatzszenario leisten – wie ich aus der Arbeit für unsere Kunden weiß. In diesem Buch findest du immer wieder einige Standards mit konkreten Anbietern, erfahrungsgemäß braucht es für deinen speziellen Fall eine maßgeschneiderte Zusammenstellung. Es gilt jedoch eine Grundvoraussetzung: Alle Einzelbausteine benötigen Schnittstellen, mit denen sich die nötigen Verknüpfungen herstellen lassen. Schnittstellen entlasten dich und deine Mitarbeiter und verschaffen Freiräume. So kannst du mehr für deine Kunden da sein. Je offener ein System ist, desto besser und umfassender lässt es sich nutzen. Egal ob die Maklersoftware von Anbieter A stammt und die Terminbuchung von Firma XY: Wenn Bestandskunde B seinen Gesprächstermin online buchen möchte, müssen die erforderlichen Daten mit der Webseite, mit deinem Kalender und mit der Kundenverwaltungssoftware vernetzt sein.

Eben genauso wie auf dem Smartphone. Da nutzt WhatsApp ganz selbstverständlich die Benachrichtigungsschnittstelle des Betriebssystems.

Diese drei elementaren Pfeiler der Digitalisierung betreffen jedes Büro und alle denkbaren Geschäftsmodelle. Alle relevanten Zukunftsszenarien und auch meine Erfahrungen zeigen ganz klar, dass kein Unternehmen abseits stehen kann. Wer es dennoch versucht, wird zum Beispiel beim Tempo der Innovationen, der Qualität der Kundenansprache oder der niedrigen Kostenquote seiner Mitbewerber kaum mithalten. Keiner kann sich dieser Entwicklung entgegenstellen, sie lässt sich schlicht nicht aufhalten, und es zeigt sich schon heute, dass der Siegeszug der Cloud mit einer erhöhten Akzeptanz dieser Technologie sowie stetigen Verbesserungen und Erweiterungen einhergeht. So entsteht ein sich selbst verstärkender Prozess und wir sollten diese Entwicklung zum eigenen Vorteil nutzen. Selbstverständlich können in Zukunft andere Lösungen kommen – die Technik verändert sich rasant –, doch dann müssen wir uns eben daran messen. Stand heute und auch in den nächsten fünf oder zehn Jahren spielen jedoch die Cloud und die Vernetzung unterschiedlicher Bausteine eine zentrale Rolle bei der Konzeption deiner IT-Infrastruktur. Deal with it!

Stell dich auf einen Marathon ein

Schon weil sich die Technik rasant verändert, lässt sich beim Thema Digitalisierung kein Ende absehen. Ihre Chancen sind einfach zu groß, lass sie uns nutzen! Und stell dir zudem folgende Frage: Erwarten deine Kunden einen Anbieter, der modern ist und sich mit der Zeit mitentwickelt, oder wollen sie lieber einen Partner, der im letzten Jahrzehnt stehengeblieben ist? Um bei deinen Zielgruppen auf Dauer erfolgreich mitspielen zu können, sehe ich die Digitalisierung weniger als technologische Angelegenheit, sondern vielmehr als grundsätzliche Herangehensweise oder Sichtweise. Sie umfasst neben den bereits beschriebenen technologischen Aspekten auch die Unternehmensentwicklung im Ganzen. Wirtschaft und Gesellschaft insgesamt befinden sich in einer umfassenden Transformation und diese wird nicht morgen zu Ende sein. Vielleicht bist du ja sogar Sportler und weißt deshalb, dass du bei der Vorbereitung auf einen Marathon langsam beginnen und stetig trainieren musst. Gleiches gilt für die Digitalisierung. Du musst kontinuierlich am Ball bleiben und lernen. Wie beim Marathon gibt es hier ebenfalls sehr harte Phasen. Wenn du in diesen Situationen aber die Zähne zusammenbeißt, geht es weiter und am Ende erreichst du die Ziellinie. Lass dich nicht von Rückschlägen aufhalten und versuche nicht, zu viel auf einmal zu wollen. Dabei hilft ein klares Ziel vor Augen und die geschafften Etappen sorgen immer wieder für Glücksgefühle und neuen Schwung.

Dieser Marathon beginnt nicht damit, einfach neue Soft- und Hardware zu kaufen. Vielmehr kommt es auf die Strategie dahinter an. Schließlich musst du wissen, welche Aufgaben deine Infrastruktur überhaupt erledigen soll, wie deine geschäftlichen Ziele aussehen, wie die unterschiedlichen Bausteine beschaffen sein müssen und welche Rahmenbedingungen existieren – und schon bist du bei strategischen Fragen und dem Thema Unternehmensentwicklung. Denn wie in anderen Bereichen auch, sollte die Technik lediglich Mittel zum Zweck sein.

Zunächst geht es also darum, die strategischen Weichenstellungen vorzubereiten. Überlegungen beispielsweise zu Zielgruppen, Vertriebswegen, Versicherungspartnern, Ressourcen, Personal und Know-how bilden die Basis für die Prozesse in deinem Unternehmen. Stell dir diese Basis als eine Art Leinwand vor, auf der du dein Geschäft visualisierst. Dieser Vergleich klingt vielleicht etwas weit hergeholt, er ergibt jedoch durchaus Sinn. Das folgende Kapitel zeigt dir, wie du deine unternehmerische Leinwand bemalst – im übertragenen Sinne.

Du musst dein eigenes Unternehmen besser kennen als jeder andere

Was in der Überschrift klingt wie eine Binsenweisheit, trifft in der Realität oftmals nicht zu; so lautet zumindest meine Erfahrung aus der Zusammenarbeit mit Dutzenden von Maklern und Vermittlern. Zunächst wirst du mir zustimmen, dass sich operative und strategische Entscheidungen nur dann sinnvoll treffen lassen, wenn die Grundlage dafür vorhanden ist. Man muss wissen, worum es geht. Wo wird Geld verdient? Welche Kosten treten wo auf? Wann werden sie verbucht? Und so weiter. Deshalb kommt es darauf an, Geschäftsmodelle zu visualisieren, zu strukturieren und dann zu diskutieren. Auf diese Weise finden wir heraus, welche Tools, Kanäle, Prozesse und so weiter darüber entscheiden, wie ein Unternehmen bestmöglich strukturiert sein sollte und damit auch, wie die Digitalisierung im speziellen Fall ablaufen muss. Ein aus meiner Sicht perfektes Hilfsmittel für diese Aufgabe bildet die Methode des *Business Model Canvas* – und Canvas heißt auf Englisch nichts anderes als Leinwand.

Sie verschafft dir einen Überblick über alle relevanten Bereiche deines Unternehmens und die wichtigsten Schlüsselfaktoren deines Geschäftsmodells.

Das Konzept Business Model Canvas stammt ursprünglich von Alexander Osterwalder aus dem Jahr 2005 und wurde seitdem ergänzt und fortgeschrieben. Es dient dazu, Geschäftsmodelle zu analysieren und zu optimieren. Eine umfassende Beschreibung dieses Konzepts und seiner Umsetzung würde den Rahmen dieses Buchs sprengen, ein kurzer Überblick kann dir jedoch das Vorgehen und die Potenziale näherbringen. Es beginnt damit, dass du am besten zunächst deine Prozesse im Rahmen eines internen Workshops visualisierst und strukturierst. Dieses Vorgehen schafft die Gelegenheit, Potenziale für die Entwicklung deines Unternehmens zu diskutieren, neue Geschäftsmodelle zu planen, die digitale Transformation deines Unternehmens zu ordnen und die Kundenzentrierung zu fördern. Bevor du damit startest, solltest du dir zunächst Gedanken über das Geschäftsmodell machen, welches abgebildet werden soll.

- Geschäftsmodell
  Was soll die Visualisierung bezwecken, welchen Nutzen soll sie stiften und wie hoch muss der Detaillierungsgrad sein?
- Zuständigkeiten
  Wer soll was mit dem Canvas sowie bei den darin abgebildeten Aufgaben tun?
- Ist/Soll?
  Geht es um die Visualisierung des derzeitigen Ist-Modells oder möchtest du mit Hilfe des Resultats ein Soll-Modell implementieren?

- Scope und Detailtiefe
  Lege vorab fest, welcher Bereich deines Geschäfts in welcher Genauigkeit im Canvas abgebildet werden soll. Beide Aspekte sollten von Anfang an klar sein.

Die Antworten auf diese Fragen zeigen dir, wie du das Konzept ganz konkret für dein Unternehmen nutzen kannst und wie du damit vorgehst. Die Arbeit mit dem Business Model Canvas kann dann in vier Stufen erfolgen:

Inhalte erarbeiten

Durchlaufe bei der Neuentwicklung einer Geschäftsidee oder der Aufnahme eines bestehenden Modells alle Felder des Canvas nacheinander und erarbeite die Inhalte dafür. Bei einfachen Modellen mit wenigen Komponenten geht es schneller als bei komplizierteren.

Überprüfen

Diskutiere anschließend im Team, wie sich das Modell verbessern lässt und welche Elemente verändert, entfernt oder ergänzt werden müssen. Eine große Runde kann dann entscheiden, ob eine Detailanalyse der Felder erforderlich ist.

Nutzen

Setze mit Hilfe des Business Model Canvas ein neues Geschäftsmodell auf oder entwickle ein bestehendes weiter.

Aktualisieren

Ändern sich Wettbewerb, Kunden und Rahmenbedingungen, entwickelt sich auch das Geschäftsmodell weiter.

Das Business Model Canvas ist daher nicht in Stein gemeißelt, vielmehr sollte es in regelmäßigen Abständen aktualisiert werden.

Abbildung 1: Business Model Canvas

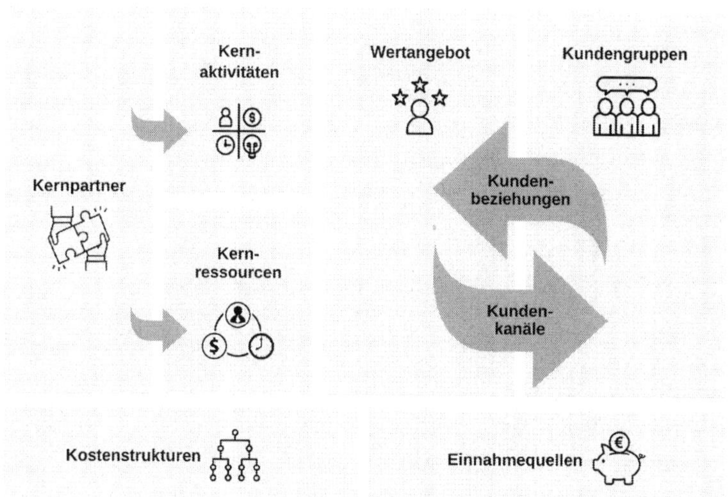

Das Konzept Business Model Canvas umfasst neun relevante Bereiche, wie Kundengruppen und -beziehungen, Einnahmequellen oder Kernaktivitäten. Mit Hilfe dieser Struktur kannst du deine Kernaufgaben einfach definieren und in Form von Arbeitsaufgaben strukturieren. Sie verschafft dir einen unternehmensspezifischen Fahrplan für deine Unternehmensentwicklung im Allgemeinen und der Digitalisierung im Speziellen. So wird aus einer wenig konkreten und kaum greifbaren Herausforderung ein schrittweise umsetzbarer Prozess mit klaren Zielen und Einzelmaßnahmen. Los geht es mit dem Herzstück deines Unternehmens - den Kunden.

1. Die **Kundengruppen** bilden den Startpunkt, denn der Fokus auf die Zielgruppe des Produkts oder der Dienstleistung stellt die zentrale Aufgabe jedes Unternehmens dar.
2. Das **Wertangebot** beschreibt, welches Problem des Kunden sich mit deinem Produkt lösen lässt oder welche Kundenbedürfnisse es befriedigt.
3. Die **Kundenkanäle** zeigen dir die verschiedenen Interaktionskanäle entlang der Customer Journey, zum Beispiel während der Marketing-, Vertriebs-, Leistungs- und Lieferungs- sowie After-Sales-Phase eines Produktes.
4. Der Bereich **Kundenbeziehungen** beschreibt zum Beispiel, wie sich Kunden gewinnen, halten und ausbauen lassen.
5. Die Betrachtung der **Einnahmequellen** zeigt die Erlösströme sowie das Preismodell deines Wertangebots.
6. **Kernressourcen** beziehen sich auf die Bereiche Personal, Material, Finanzen oder IT. Meist ergeben sie sich beim Blick auf die vorigen Bereiche.
7. Der Blick auf die **Kernaktivitäten** visualisiert die für den Betrieb des Geschäftsmodells erforderlichen Haupttätigkeiten.
8. **Kernpartner** sind die zum Beispiel zwecks Risikominimierung und Skalierung erforderlichen, wichtigsten Partnerschaften mit Nicht-Konkurrenten, Lieferanten, Herstellern und/oder Dienstleistern.
9. Die **Kostenstrukturen** verdeutlichen deine Ausgaben für Ressourcen, Aktivitäten und Partner. Enthalten sind fixe und variable Ausgaben, ohne die das Geschäftsmodell nicht funktionieren würde.

Business Model Canvas ist wörtlich als Leinwand zu verstehen, die du mit deinen Mitarbeitenden bemalen solltest – und zwar am besten als digitale Leinwand. Diese lässt sich etwa in Form einer Präsentation sogar online im Team bearbeiten und weiterentwickeln. Du kannst einfach Versionen abspeichern oder Kopien machen. Wer zunächst papierhaft oder auf einem Whiteboard arbeiten möchte, sollte die Ergebnisse dann im Nachgang digitalisieren. Ich rate meinen Kunden beispielsweise, jeden Bereich mit Hilfe von Fragen zu klären. Ein möglicher Rahmen dafür kann so aussehen:

Abbildung 2: Beispiele für Einzelfragen im Business Model Canvas

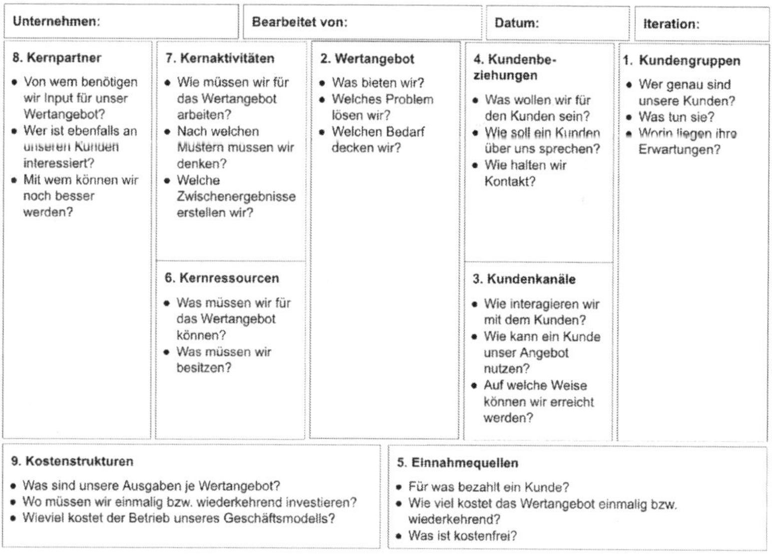

Das Ganze klingt sehr abstrakt, deshalb möchte ich zum Abschluss noch mit den Antworten auf zwei Beispielfragen zeigen, wie der Blick auf dein Geschäft Schwerpunkte

beeinflusst und damit auch die Art der Digitalisierungsschritte in deinem Unternehmen:

- Bist du mittelständischer Makler im Gewerbebereich und betreust Hausverwaltungen? Dann wird das Schadenmanagement zu deinen Kernaufgaben gehören. Es stellt ein elementares Leistungsversprechen dar. Ein digitaler Schadenprozess mit Schnittstellen zu deinen Kunden ist ein absolutes Muss.
- Sprichst du dagegen vor allem junge Akademiker im Bereich Arbeitskraftabsicherung an? So musst du heute vor allem online sichtbar sein. Kernaufgaben heißen dann Suchmaschinenoptimierung und Onlinemarketing.

Fazit: Der Blick auf das Business Model Canvas gibt zentrale Hinweise auf die optimale, zukünftige Prozessgestaltung in deinem Unternehmen und damit auch auf die erforderliche Soft- und Hardware. Vor dem Hintergrund dieser theoretischen Grundlagen soll es im folgenden Kapitel nun darum gehen, wie du sie konkret in die Praxis überführen und ein Unternehmenshandbuch zur Dokumentation der Prozesse als praxiserprobtes Hilfsmittel dafür nutzen kannst.

Prozesse und Methoden

Im vorigen Kapitel ging es um entscheidende Grundlagen, die Makler und Vermittler zur Sicherung ihrer Zukunftsfähigkeit brauchen: Erstens kommen sie nicht ohne eine eigene Digitalisierungsstrategie aus und zweitens sollten sie ihr eigenes Unternehmen und dessen Prozesse kennen. Wenn du beide Grundlagen kombinierst, lässt sich ein modernes und kundenzentriertes Unternehmen aufbauen. Beginnen möchte ich mit den Prozessen. Diese bilden die Struktur, an der sich die Technologie ausrichten muss. Diese Struktur umfasst ganz unterschiedliche Themenbereiche von Organisation über Vertrieb bis hin zu Personal. Wer digital unterwegs sein möchte, muss selbstverständlich die eigene Organisationsstruktur anpassen – an dieser Stelle kommen nun Prozesse und Methoden ins Spiel. Denn du sollst diesen Themenbereich nicht um seiner selbst willen in Angriff nehmen. Vielmehr bieten viele Prozesse und Tätigkeiten die Chance zur Automatisierung. Ich halte es für eine Vergeudung wertvoller Ressourcen, wenn qualifizierte Kollegen einfache, wiederkehrende und vielleicht sogar stupide Aufgaben erledigen müssen. Delegiere diese Dinge an die Technik! Damit entlastest du dein Team und schaffst gleichzeitig Freiräume für wertschöpfende Tätigkeiten wie Kundenservice oder Vertrieb. Zudem ergeben sich Wachstumspotenziale, ohne mehr Personal einstellen zu müssen.

Der erste Schritt auf diesem Weg heißt, dein Unternehmen zu analysieren und die einzelnen Prozesse zu identifizieren, zu kategorisieren, zu bewerten und zu priorisieren. Mit dem Business Model Canvas kennst du bereits ein Hilfsmittel für diese Aufgabe. Dadurch erhältst du Hinweise auf Potenziale und Ansatzpunkte für die Digitalisierung in deinem Unternehmen. Ein genauerer Blick gibt Antworten auf zentrale Fragen: Welche Prozesse lassen sich teilautomatisieren, welche voll und welche gar nicht? Diese Antworten verdeutlichen die Prioritäten und verhelfen dir zu einem Digitalisierungsfahrplan. Denn auch mit der besten Technik lässt sich niemals alles digitalisieren. Die Einzelheiten variieren sicher von Büro zu Büro, viele Prozesse eignen sich jedoch hervorragend für die Automatisierung. Unternehmensübergreifend sind beispielsweise zu nennen:

- Dokumentenverarbeitung von Verträgen
- Datenpflege mit Hilfe von KI-Tools und Schnittstellen
- Trigger-basierter Versand, etwa von Geburtstagsgrüßen an Kunden
- Weiterleitung von Lieferantenrechnungen ans Buchhaltungssystem
- Anlage von Neukunden bei Anfragen über die Homepage
- Möglichkeit zur selbständigen Terminbuchung für Kunden über die Webseite
- Erfassung von Schäden inkl. Folgeprozesse
- Schnittstellen zu Steuerberatern, Banken usw.
- Digitalisierung des Kundenprozesses inklusive Bewertungstools
- Upsell von Bestandskunden über E-Mail-Marketing
- Generierung von Kundenanfragen über Onlinemarketing.

Wie du dein Unternehmenshandbuch erstellst

Der Schlüssel zu einer erfolgreichen Definition automatisierbarer Prozesse heißt zunächst, eine Gesamtübersicht über deine Unternehmensprozesse zu schaffen – das Unternehmenshandbuch. Wer noch am Beginn der Digitalisierung steht, findet hierin eine zentrale Aufgabe. Auch wenn sie dir lästig scheint, meiner Erfahrung nach führt kein Weg daran vorbei und der Aufwand rechnet sich schon nach kurzer Zeit. Ziel ist eine grobe Übersicht, du musst nicht alles bis ins letzte Detail ausformulieren. Dabei kommt höchstwahrscheinlich eine Struktur heraus, die du in diesem Buch wiederfindest. Und das ist kein Wunder, so gut wie alle Unternehmen verfügen über ähnliche Tätigkeitsbereiche. Sie lassen sich auf einer Prozesslandkarte visualisieren.

Abbildung 3: Die Prozesslandkarte

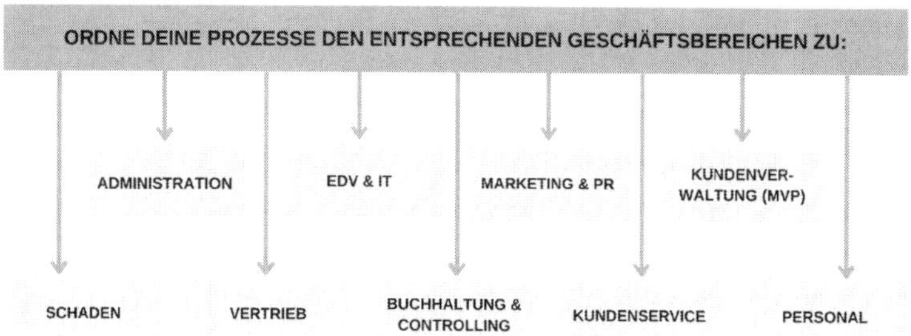

Die Hauptkategorien aus der Grafik wie Administration und Kundenservice kannst du in der Regel einfach übernehmen. Dann solltest du dir Zeit nehmen und für dein Unternehmen stichpunktartig aufschreiben, was dir einfällt.

Diese Tätigkeit wiederholst du in einem Zeitraum von 14 Tagen immer wieder. Die meisten Punkte fallen dir ein, wenn du oder deine Mitarbeiter sie gerade machen. Und denk daran, es geht um alle Aufgaben! Deshalb ist es sinnvoll, auch dein Team einzubeziehen. Viele Zuordnungen richten sich nach deinen Vorstellungen, etwa ob die Lohnabrechnung zum Personal oder zur Buchhaltung gehört. Wer ein digitales Tool für diese Landkarte nutzt, kann leichter organisieren und verschieben.

So identifizierst du Potenziale

Der nächste Schritt heißt nun, Prozesse nach ihrem Beitrag zum Unternehmenserfolg zu wichten und Entwicklungspotenziale zu identifizieren. Was keine Auswirkungen hat, kommt ohne detaillierten Blick aus. Mitunter dürften sogar manche Tätigkeiten ganz wegfallen, weil sie zum Beispiel veraltet sind. Derartige Entscheidungen kannst du jedoch erst treffen, wenn ein Überblick existiert und du auch eventuelle Abhängigkeiten kennst. Fokussiere dich auf Kernthemen und überlege, welchen Einfluss sie jeweils haben und welche Stakeholder davon betroffen sind. Langsame Buchhaltungsabläufe sind in der Regel weniger schlimm als ein dysfunktionaler Kundenservice. Beginne mit dem Wichtigen und analysiere, welche Prozesse gut laufen und welche nicht, welche Verbesserungen möglich sind und wo sich diese schnell umsetzen lassen.

Vielleicht laufen bestimmte Tätigkeiten sehr gut, der manuelle Einsatz ist jedoch viel zu hoch. Oder ein Prozess beeinflusst dein Geschäft kaum, er bindet aber erhebliche Ressourcen. Andere Bereiche funktionieren mitunter sehr schlecht, sie beeinflussen den Ertrag jedoch enorm – denke an den Vertrieb oder die Erreichbarkeit des Kundenservice. Oder womöglich laufen viele Schäden über deinen Tisch, die Bearbeitung dauert jedoch sehr lange. Gerade bei solchen Defiziten existiert ein wirksamer Hebel, eine Abhilfe stärkt das Geschäft konkret. Die erforderliche Bewertung musst du selbst vornehmen und dabei ehrlich vorgehen. Es hilft nicht, sich in die Tasche zu lügen! Versuche vielmehr, die möglichst neutrale Position eines externen Betrachters einzunehmen. Die Ergebnisse gestatten dir, Aufgaben für das Optimierungs- und Digitalisierungsprojekt abzuleiten.

Abbildung 4: Übersicht der Potenziale

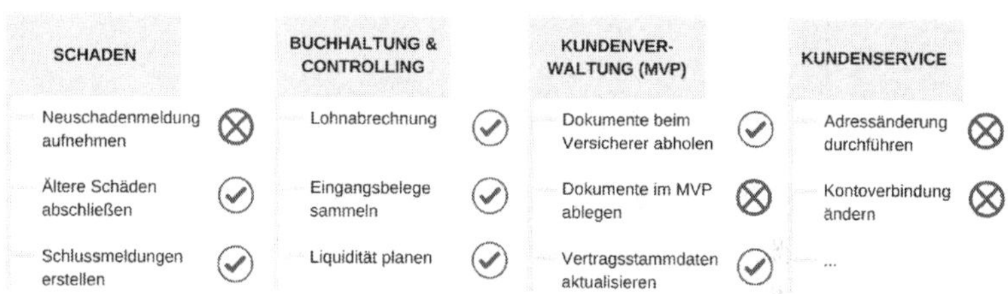

Mit Hilfe einer solchen Übersicht erkennst du schnell und einfach, wo Potenziale liegen und welche Aufgaben schon erledigt sind. Allerdings solltest du diese Bewertung nicht nach Gefühl vornehmen, klare Bewertungskriterien helfen dir bei der Arbeit:

- Läuft die Ausführung gut?
- Ist eine Dokumentation vorhanden?
- Gibt es eine Schulung für die Mitarbeiter?
- Ist die Tätigkeit der richtigen Rolle zugeordnet?
- Lässt sich die Tätigkeit durch Software teil- oder vollautomatisieren?

- (Wie) wird die Qualität gemessen?
- Welchen Beitrag zum Geschäft leistet die Aufgabe?
- Wie viel Zeit erfordert die Ausführung?
- Welche Ziele erfüllt die Aufgabe?

So dokumentierst und standardisierst du

Für die Visualisierung deiner Prozesse und Methoden existieren sehr gute, digitale Tools, mit deren Hilfe du übersichtliche Dokumentationen herstellen kannst. Ich nutze dafür gerne *MeisterNote* und für die Darstellung von Mindmaps *MindMeister*, beide sind einfach zu bedienen und enthalten alle nötigen Funktionen. Bevor du mit diesen oder anderen Tools startest, solltest du jedoch überprüfen, ob bereits geeignete Dokumentationen deiner eingesetzten Systeme existieren. Dies gilt vor allem für die Softwarelösungen der großen Anbieter, dafür musst du keine eigenen Übersichten erstellen und kannst stattdessen darauf verweisen. Ein Beispiel ist das von mir entwickelte Maklerverwaltungsprogramm *Insurgo*. Dessen Dokumentation liefert Erklärungen und Standards zu vielen Vorgängen. Kopiere einfach den Link zur entsprechenden Hilfeseite und füge ihn in deine Dokumentation ein.

Verfügst du über keine derartige Vorlage, musst du es selbst dokumentieren. Gehe den Prozess schrittweise durch. Beschreibe die einzelnen Schritte und beginne am besten mit den Elementaren. Je nach Bedarf kannst du die Textform nutzen, zudem können Screenshots, Videos, Bilder, Flussdiagramme oder Skizzen sinnvoll sein.

Und denk daran, in fünf Jahren müssen deine Kollegen die Informationen noch verstehen und anwenden können! So kannst du zum Beispiel Screenshots mit Pfeilen oder Erklärungen versehen, damit die Knackpunkte sofort deutlich werden. Ganz besonders hinweisen möchte ich dich auf die Videoform. Noch nutzen wenige Vermittler und Makler dieses Medium, aber auch für die Dokumentation bietet es enorme Chancen. Per Video übermittelte Inhalte – inklusive Einbindung von Screenshots – eignen sich perfekt zur Erläuterung von Inhalten. So kannst du Punkte farbig markieren oder zeigen, fast wie im persönlichen Gespräch. Gerade wer öfter neue Mitarbeiter einstellt, spart dadurch enorm Zeit. Die folgenden Beispiele zeigen verschiedene Formen der Dokumentation:

Abbildung 5: Screenshot MeisterNote

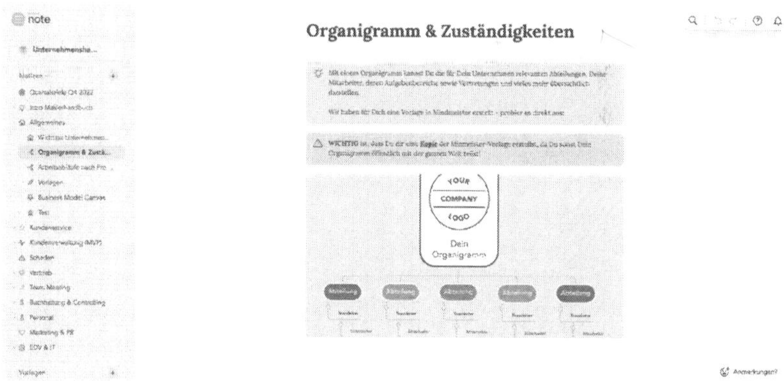

Abbildung 6: Screenshot Mindmeister

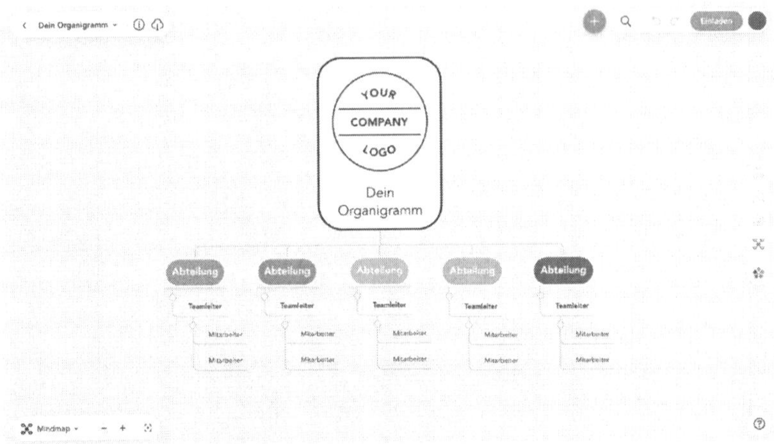

Abbildung 7: Screenshot Loom

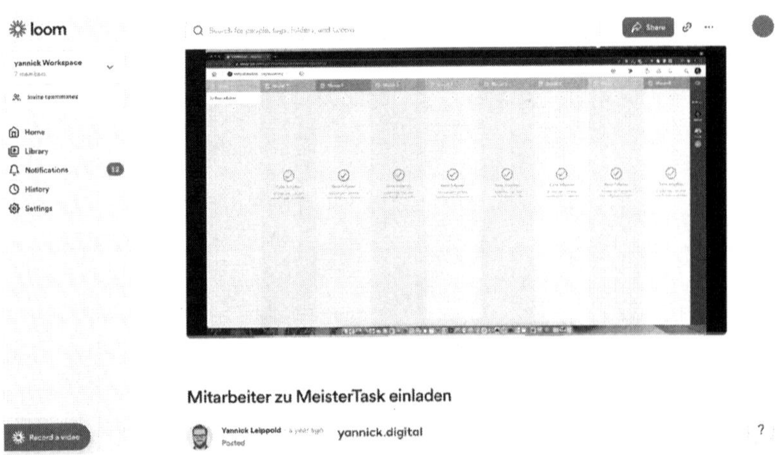

Das Maklerhandbuch

Die geschilderten Dokumentationen und Standards helfen dir nur dann, wenn du sie schnell und einfach nutzbar machst. Für diesen Zweck bieten wir bei yannick.digital ein passendes Template-Set an, speziell für Maklerunternehmen und Versicherungsvermittler. Das Ganze nennt sich Makler-handbuch und enthält maßgeschneiderte Muster und Prozesse für unsere Branche. Diese lassen sich problemlos individualisieren und damit können unsere Kunden sehr schnell die optimalen Strukturen und Standards für ihr Büro etablieren. Das wichtigste Ziel heißt, Standards zu schaffen. Diese sollen gewährleisten, dass dein Büro effizient, ohne unnötige Risiken und so ertragreich wie möglich funktioniert. Ebenso stellt es sicher, dass du Prozesse nicht jedes Mal neu erfinden musst. Vermutlich erledigen auch deine Mitarbeiter ihre Aufgaben teilweise oder ganz nach individuellen Mustern und im Zweifel weiß niemand sonst Bescheid. Denke etwa daran, wie unterschiedlich deine Mitarbeiter jeweils mit Neukunden- anfragen umgehen. Standards gewährleisten, dass jeder die nötigen Informationen kennt.

Die Neukundenanfrage

Meiner Erfahrung nach freut sich der Vermittler zunächst riesig und dann läuft alles durcheinander. Jeder Neukunde wird in der Praxis so behandelt, als ob der Vertrieb gerade neu gegründet worden wäre. Es existieren keine Regeln, Prozesse oder Zuständigkeiten, die den Umgang mit einer solchen Anfrage klar definieren. Vieles wird dem Zufall überlassen, zum Beispiel:

- Wie wird ein Termin vereinbart?
- Mit wem wird er vereinbart?
- Welche Fristen gibt es?
- Wie läuft die Vorbereitung ab?
- Was macht der Berater und was erhält der Kunde vorab?
- Wie erfolgt die Angebotserstellung?
- Wann bekommt der Kunde die Einladung zum Kundenportal oder zur App?

Anstatt diese Aufgaben je nach Tagesform abzuarbeiten, solltest du eindeutige Prozesse dafür definieren. Denn nur so ist es möglich, eine gleichbleibende Qualität sicherzustellen. Gerade bei Neukunden solltest du ein hohes Serviceniveau garantieren! Denn die Geschwindigkeit deiner Rückmeldung und die Professionalität entscheiden häufig darüber, ob du ins Geschäft kommst. Kunden spüren sehr schnell, ob die Abläufe funktionieren und ob sie sich auf ein Büro verlassen können. Unter anderem deshalb zeichnen sich erfolgreiche Unternehmer dadurch aus, dass sie ihr Serviceniveau dauerhaft gewährleisten.

Das Maklerhandbuch umfasst alle Bereiche eines Makler- oder Vermittlerbüros. Zum Beispiel bildet es Kundenservice und -verwaltung ab, Schadenmanagement, Vertrieb, Buchhaltung und Controlling sowie Personal. Es enthält Vorlagen, Checklisten und Ablaufpläne für alle relevanten Aspekte deiner Arbeit.

Abbildung 8: Beispiele für ein Unternehmenshandbuch

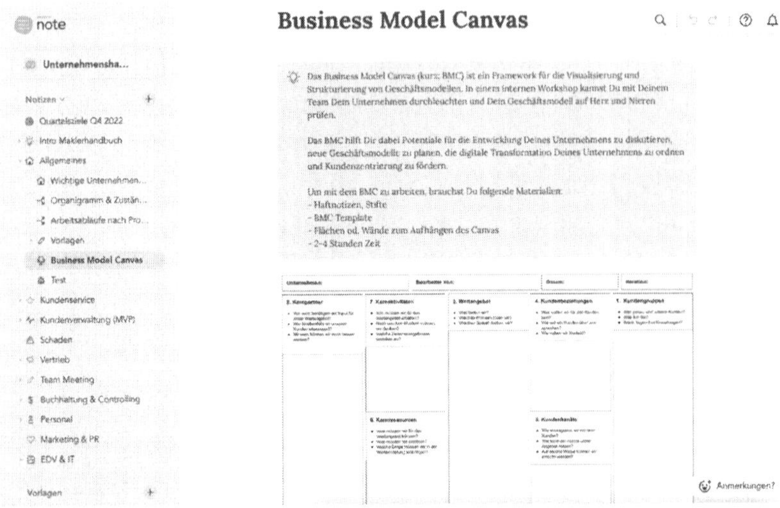
note
Unternehmensha...
Notizen
Quartalsziele Q4 2022
Intro Maklerhandbuch
Allgemeines
Wichtige Unternehmen...
Organigramm & Zustän...
Arbeitsabläufe nach Pro...
Vorlagen
Business Model Canvas
Test
Kundenservice
Kundenverwaltung (MVP)
Schaden
Vertrieb
Team Meeting
Buchhaltung & Controlling
Personal
Marketing & PR
EDV & IT
Vorlagen
Business Model Canvas
Das Business Model Canvas (kurz: BMC) ist ein Framework für die Visualisierung und Strukturierung von Geschäftsmodellen. In einem internen Workshop kannst Du mit Deinem Team Dem Unternehmen durchleuchten und Dein Geschäftsmodell auf Herz und Nieren prüfen.
Das BMC hilft Dir dabei Potentiale für die Entwicklung Deines Unternehmens zu diskutieren, neue Geschäftsmodelle zu planen, die digitale Transformation Deines Unternehmens zu ordnen und Kundenzentrierung zu fördern.
Um mit dem BMC zu arbeiten, brauchst Du folgende Materialien:
- Haftnotizen, Stifte
- BMC Template
- Flächen od. Wände zum Aufhängen des Canvas
- 2-4 Stunden Zeit
Anmerkungen?

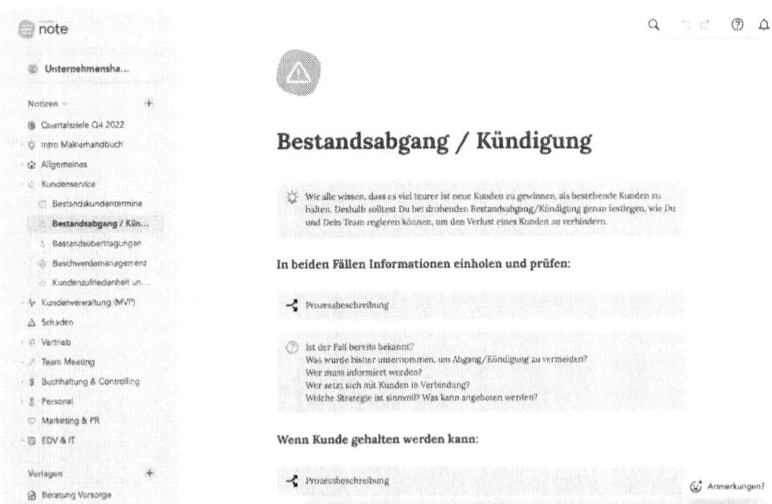
note
Unternehmensha...
Notizen
Quartalsziele Q4 2022
Intro Maklerhandbuch
Allgemeines
Kundenservice
Bestandskundentermine
Bestandsabgang / Kün...
Bestandsübertragungen
Beschwerdemanagement
Kundenzufriedenheit un...
Kundenverwaltung (MVP)
Schaden
Vertrieb
Team Meeting
Buchhaltung & Controlling
Personal
Marketing & PR
EDV & IT
Vorlagen
Beratung Vorsorge
Bestandsabgang / Kündigung
Wir alle wissen, dass es viel teurer ist neue Kunden zu gewinnen, als bestehende Kunden zu halten. Deshalb solltest Du bei drohenden Bestandsabgang/Kündigung genau festlegen, wie Du und Dein Team regieren können, um den Verlust eines Kunden zu verhindern.
In beiden Fällen Informationen einholen und prüfen:
Prozessbeschreibung
Ist der Fall bereits bekannt?
Was wurde bisher unternommen, um Abgang/Kündigung zu vermeiden?
Wer muss informiert werden?
Wer setzt sich mit Kunden in Verbindung?
Welche Strategie ist sinnvoll? Was kann angeboten werden?
Wenn Kunde gehalten werden kann:
Prozessbeschreibung
Anmerkungen?

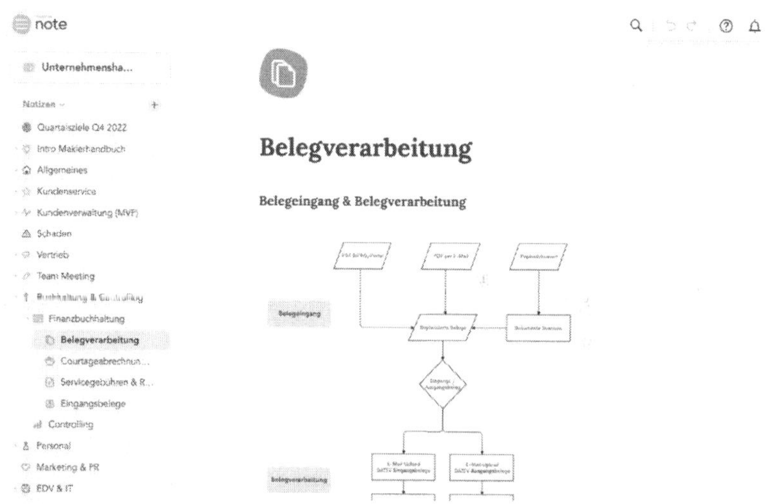

Alle Beispiele stammen aus unserem Template-Set und werden Kunden zur Verfügung gestellt.

Wenn du über die entsprechenden Ressourcen verfügst und auch das nötige Know-how besitzt, kannst du ein solches Maklerhandbuch mit den Prozessen in deinem Büro selbst entwickeln. Dazu brauchst du zunächst eine Übersicht mit allen relevanten Unternehmensbereichen.

Steht diese, solltest du jeden Bereich nach den jeweiligen Prozessen und Aufgaben exakt analysieren. Festzuhalten ist, was im täglichen Geschäft passiert. So erhältst du im ersten Schritt eine Beschreibung des Ist-Zustandes. Diese ermöglicht es dann, im zweiten Schritt Verbesserungspotenziale zu identifizieren, in optimierten Prozessen zu implementieren, die passende Software einzusetzen und das Ganze dauerhaft weiterzuentwickeln. Die letzte Option braucht es, denn keine Struktur hält ewig. Vielmehr erfordert es der stetige Wandel, Verbesserungen als laufenden Prozess zu betrachten. Ich stelle meine Themen regelmäßig auf den Prüfstand und kann mein Unternehmen damit kontinuierlich weiterentwickeln. Und das solltest du ebenfalls! Nur so sorgst du für einen kontinuierlichen Verbesserungsprozess und kannst strategisch wachsen. Um dir die Arbeit am Unternehmenshandbuch konkret nahe zu bringen, stelle ich dir zwei Beispieldokumentationen vor.

Beispieldokumentation 1: Neukundenprozess

Für die meisten Vermittler und Makler gehört es zu den absoluten Standards, Neukunden zu gewinnen und ihr Vorgehen beruht auf der Erfahrung aus zehn Jahren oder mehr. Viele halten eine Dokumentation daher für Zeitverschwendung. Doch erstens existieren zwischen Anruf und Abschluss diverse Schritte und viele lassen sich optimieren, automatisieren oder delegieren. Vielleicht können auch Vorlagen und Checklisten das Prozedere vereinfachen. Zweitens arbeiten viele Büros eher nach dem Zufallsprinzip. Viele Prozesse sind zwar in den Köpfen der Beteiligten verankert und werden erfolgreich abgespult, vieles davon jedoch umständlich und unnötig aufwändig. Deshalb lohnt es sich, ins Detail zu gehen, mit dem Anspruch, Verbesserungspotenziale zu identifizieren und sie dann umzusetzen. Lass uns also auf den Neukundenprozess schauen – sicher kannst du die Erkenntnisse gleichzeitig für andere Bereiche nutzbar machen.

- Es beginnt mit der Anfrage – per Telefon, E-Mail, Kontaktformular oder Chat. Du musst dir daher bewusst machen, welche Kontaktwege existieren und ob diese sinnvoll und vollständig sind. Danach erfolgt die Terminvereinbarung und du solltest herausfinden, wie sie abläuft. Wie gelangt der Termin in den Kalender? Verschickst du eine Bestätigung und Erinnerungen? Könnte der Kunde schon drei Schritte vorher den Termin selbständig buchen? Oder willst du gar keine selbständige Buchung, sondern eine telefonische Vorqualifizierung? Vielleicht passt der Kunde gar nicht, deine hoch qualifizierten Vertriebler können sich das Gespräch sparen und stattdessen andere Erfolg versprechende Termine wahrnehmen.
- Dann kannst du den gesamten Ablauf auf seine Logik und Struktur hin abklopfen. Kommt der Kunde gleich durch? Wirkst du modern, verlässlich und kundenorientiert? Stimmt der erste Eindruck? Je strukturierter du arbeitest, desto schneller kommst du mit dem Kunden ins Geschäft. Egal ob Privat- oder Geschäftskunden: Struktur vermittelt Sicherheit und das gilt vor allem für den Verkaufsprozess.
- Zu dieser Sicherheit trägt etwa der Vorabversand von wichtigen Informationen bei. Mit deren Hilfe kann sich der Kunde vorbereiten und du sparst Zeit im Termin, weil bereits eine Gesprächsgrundlage existiert. Selbst wenn es

nur ein unverbindliches Kennenlerngespräch sein soll, kannst du Informationen zum Unternehmen und deinen hohen Standards versenden. So hebst du dich automatisch von Mitbewerbern ab und der Kunde kommt mit noch mehr Vertrauen in den Termin.

- Weiter geht es mit dem Gespräch: Gibt es eine klare Struktur dafür? Bringe Transparenz in deine Prozesse, dadurch entsteht Verbindlichkeit und du kommst schneller zum Abschluss. Analysiere das Beratungsgespräch ruhig tiefer, es bildet einen zentralen Teil deines Geschäfts!
- Ebenso solltest du die Schritte nach dem Termin dokumentieren. Erfolgen Wiedervorlagen, existieren Automatismen dafür, wer erstellt die nötigen Unterlagen, wer fasst bei den Versicherern nach bezüglich der Angebote oder welche Fristen hast du? Eindeutige Standards erhöhen die Erfolgsaussichten. Darüber hinaus sollte klar sein, ob und wann ein Care Call erfolgt oder wie du von deinen Neukunden wertvolle 5-Sterne-Bewertungen bekommst.

Diese kurze Übersicht beinhaltet nur einige Punkte aus dem Neukundenprozess und stellt die Fragen, die auch du dir stellen solltest. Überführe diese und andere Punkte zum Beispiel in ein Ablaufdiagramm und Teilaufgaben in eine Checkliste, mit ihrer Hilfe lassen sich die Abläufe in deinem Unternehmen detailliert veranschaulichen. Denn die Potenziale identifizierst du nur dann, wenn du selbst eingespielte Prozesse dokumentierst und genau analysierst. So steigerst du deine Erträge und leistest einen wichtigen Beitrag zur Kundenzufriedenheit.

Beispieldokumentation 2: Schadenmanagement

Eine wichtige Rolle bei der Wahrnehmung durch die Kunden spielt der Umgang mit Schäden. Deshalb gilt es nicht nur im Vertrieb, stets Präsenz zu zeigen. Auch und gerade im Schadenfall solltest du verlässlich Unterstützung leisten. Dabei helfen standardisierte Prozesse, mit denen sich die gesamte Abwicklung in gleichbleibend hoher Qualität garantieren lässt. Die Organisation hängt selbstverständlich von der Art deines Geschäfts ab. Arbeitest du mit Privatkunden, die nur sporadisch Schäden melden, oder bist du vielleicht in der Wohnungswirtschaft oder mit Flottenversicherungen tätig, wo täglich die entsprechenden Schadenmeldungen auflaufen?

- Am Anfang steht die Schadenmeldung durch den Kunden. Sie kann beispielsweise per Telefon, E-Mail oder über deine Webseite reinkommen, und wenn ein Kanal stark genutzt wird, solltest du diese Meldungen durch eine Software automatisieren. Stelle eine App und ein Kundenportal zur Verfügung, dann sparst du eigene Ressourcen und erleichterst das Leben deiner Kunden. Je nach Kunde lassen sich individuelle Meldeprozesse gestalten, wo etwa der Flottenmanager seine Angaben einfach mit wenigen Klicks übermitteln kann.
- Wie gelangt der gemeldete Schaden in dein Verwaltungsprogramm? Die meisten Vermittler und Makler tragen die Daten manuell ein, obwohl sich dieser Ablauf weitgehend automatisieren lässt.
- Bestätigst du den Eingang der Schadenmeldung unverzüglich und bietest vielleicht schon erste Unterstützung an? Gerade Privatkunden stecken nur

selten in einer solchen Situation, sie sind deshalb dankbar für deine Informationen zum weiteren Vorgehen. Wenn du die entsprechenden E-Mails oder Leitfäden einmal aufbereitet hast, kannst du diese Vorlagen immer wieder nutzen.

- Im Schadenprozess kannst du mit Hilfe von Videos die wichtigsten Schritte der Abwicklung veranschaulichen. So bist du persönlich für deine Kunden da, ohne jedes Mal Zeit aufwenden zu müssen.
- Läuft dein interner Schadenprozess effizient ab? Hierbei helfen zum Beispiel Checklisten, in denen die nötigen Schritte, Formulare und Zuständigkeiten aufgelistet sind. Du musst stets wissen, welche Korrespondenz zwischen Kunde und Versicherer läuft und laufen sollte. Such dir die passende Technik, über die der Kunde Unterlagen oder Bilder hochladen kann.
- Wurde der Schaden erfolgreich reguliert, solltest du dich zum Abschluss nochmals beim Kunden melden. Nutze die Zufriedenheit und frage nach einer Bewertung!

Neukundenprozess und Schadenmanagement bilden zwei Eckpfeiler des Makler- und Vermittlergeschäfts. Wenn du diese dokumentierst, legst du bereits den Grundstein für die Identifikation von Verbesserungspotenzialen. Außerdem hilft dir die Übung aus diesen Bereichen dabei, auch deine anderen Prozesse entsprechend unter die Lupe zu nehmen. Damit entsteht eine umfangreiche Dokumentation, auf deren Grundlage du die für dein Büro optimal geeigneten Abläufe gestalten kannst. Zudem bildet die Dokumentation eine Voraussetzung dafür, um Prozesse, Know-how und Daten deines Unternehmens in Wissen zu überführen. Denn es ist eine Sache, Personendaten, Abrechnungen, Produktspezifikationen und so weiter im System zu haben – viel wichtiger ist es, diese Informationen nutzbar zu machen.

Wissensmanagement: Geschäftsprozesse systematisch digitalisieren und automatisieren

Eine wichtige Aufgabe für Makler und Vermittler heißt, das im Büro in Form von Informationen vorhandene Wissen zu dokumentieren. Du solltest das Wissen daher katalogisieren, strukturieren und durchsuchbar machen. Unterlässt du die Überführung der Informationen in Daten, gehen viele Erfahrungen irgendwann verloren. Der Großteil des Basiswissens deines Unternehmens befindet sich in den Köpfen deiner Mitarbeiter. Und dort muss es heraus, damit neue Mitarbeiter oder andere Bereiche damit arbeiten können. Zudem unterscheidet sich jeder Tag vom vorigen. Themen und Prozesse verändern sich, du musst Bereiche weiterentwickeln und es kommen neue Aufgaben hinzu. Vielleicht verlässt dich auch ein Mitarbeiter. Es lauern also unzählige Gefahren, Know-how unbeachtet zu lassen, und du solltest alle Abläufe, Prozesse und Tätigkeiten aus deinem Büro dokumentieren und festhalten. Denn jedes Unternehmen profitiert davon, wenn Mitarbeiter nach genauen Prozessvorgaben arbeiten. Ein Weg zur Einführung eines funktionierenden Wissensmanagements habe ich im letzten Kapitel vorgestellt, er heißt Unternehmenshandbuch.

Die Dokumentation mit Hilfe eines Unternehmenshandbuchs schafft Transparenz. Wird sie stets beachtet, schleichen sich keine neuen und unbeabsichtigten Gewohnheiten in die tägliche Arbeit ein. Die Grundlagen dieses Themas kennst du bereits aus dem Kapitel "So dokumentierst und standardisierst du". Existiert ein strukturiertes Wissen, können sich beispielsweise neue Mitarbeiter sehr viel einfacher einarbeiten und werden schneller produktiv. Sie erhalten sofort die relevanten Dokumentationen, Bilder und Screenshots, Flussdiagramme, Organigramme, Checklisten und Ablaufpläne oder Videos. Gleichzeitig sparst du als Arbeitgeber Zeit und Geld, weil der Einarbeitungsaufwand sinkt. Welche Methodik du jeweils wählst, hängt vom Inhalt ab. Du möchtest nicht, dass die Mitarbeiter ihre Aufgaben nach eigenem Gusto erledigen – "frei Schnauze" sozusagen. Diese Erkenntnis ist bei Großunternehmen übrigens schon längst angekommen. Diese sind erfolgreich, weil sie klare und standardisierte Prozesse eingeführt haben und diese regelmäßig verbessern. Meine Erfahrung: Man kann nicht nachhaltig wachsen ohne System.

Abbildung 9: Prozessschema des Wissensmanagements

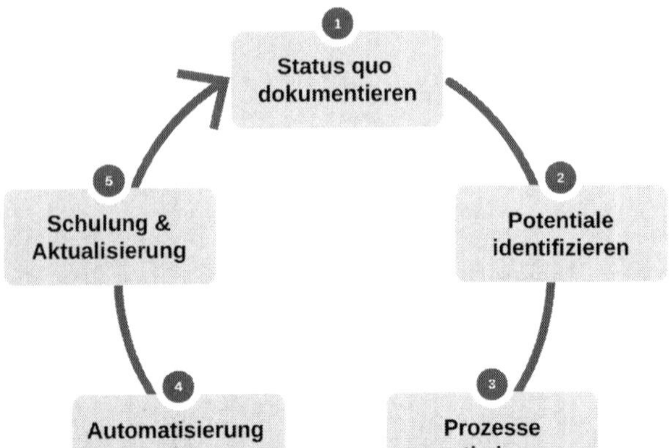

Dauerhafter Erfolg beruht meist auf der Reproduktion der richtigen Schritte. Dieser Grundsatz sorgt übrigens dafür, dass

Fliegen sehr sicher ist. Piloten arbeiten streng nach Checklisten. Auch wer schon 1.000 Flüge absolviert hat, nimmt beim 1.001. Mal wieder die Checkliste zur Hand. Jeder Handgriff und jeder Arbeitsschritt sind minutiös dokumentiert und geregelt. Fehlt hingegen ein solches System, geht es vielleicht 999-mal gut, einmal schleichen sich jedoch Fehler ein. Ein Versicherungsvertrieb stürzt zwar nicht ab, aber mit seinen Kunden kann er es sich allemal verscherzen. Diese Gefahr besteht etwa bei unerwarteten Ausfällen von Mitarbeitern, dann kommen oft die bewährten Routinen komplett aus dem Tritt und das große Chaos bricht aus. Deshalb brauchst du eine sinnvolle und auf deinen Bedarf abgestimmte Struktur – sie ist meiner Erfahrung nach ein zentrales Rezept aller erfolgreichen Unternehmen. Denn klar festgelegte Schritte sorgen dafür, dass ein Büro effizient und mit gleichbleibender Qualität arbeitet. Allerdings tun sich die meisten Makler und Vertriebe sehr schwer damit, eine entsprechende Grundlage zu schaffen.

Wie die Optimierung eines Bereichs mit Hilfe einer Checkliste gelingen kann, möchte ich dir am Beispiel digitale Geschäftsprozesse zeigen. Du weißt bereits, dass die Digitalisierung deines Büros eine zentrale Aufgabe darstellt. Fast jedem Makler und Vermittler fällt jedoch die Konzeption schwer und ein klarer Ablaufplan stellt eine enorme Erleichterung dar. Die folgende Checkliste soll dir zeigen, wie sich die Megaaufgabe Digitalisierung in Form von Häppchen buchstäblich abhaken lässt.

Checkliste digitale Geschäftsprozesse

1. Status Quo dokumentieren

- ☐ Alle Prozesse im Unternehmen sammeln
- ☐ Prozesse den entsprechenden Geschäftsbereichen zuordnen

2. Potenziale Identifizieren (Prozesse bewerten und priorisieren)

- ☐ Läuft die Ausführung gut?
- ☐ Ist eine Dokumentation vorhanden?
- ☐ Gibt es eine Schulung?
- ☐ Ist die Tätigkeit der richtigen Rolle zugeordnet?
- ☐ Kann man die Tätigkeit durch Software teil- oder vollautomatisieren?
- ☐ Wie wird die Qualität gemessen?
- ☐ Welchen Beitrag leistet die Aufgabe?
- ☐ Wie viel Zeit ist für die Ausführung notwendig?
- ☐ Welche Ziele erfüllt die Aufgabe?

3. Prozesse optimieren

- ☐ Wichtige Prozesse skizzieren, um Fehler zu erkennen
- ☐ Fehler korrigieren
- ☐ Fehlende Prozesse ergänzen (Dokumentieren!)
- ☐ Verantwortlichkeiten bestimmen (Delegieren!)
- ☐ Prozessdokumentation im Team besprechen und erarbeiten
- ☐ Kommunikation intern richtig aufstellen
    - ☐ Über welche Kanäle kommunizieren wir unternehmensintern?

    - ☐ Über welche Kanäle kommunizieren wir mit unseren Kunden?
    - ☐ Passen diese Kommunikationskanäle noch zu unseren Prozessen?
- ☐ Eingesetzte Software und Tools kritisch prüfen

4. Automatisierung & Software

- ☐ Alle Geschäftsbereiche betrachten
    - ☐ Dokumentenabruf, Dokumentenablage und Datenpflege
    - ☐ Buchhaltung, Controlling und Liquiditätsplanung
    - ☐ Digitalisierte Personalprozesse
    - ☐ Vertriebsprozess, Customer Experience und Marketing
- ☐ Trigger-basierte Automatisierungen einführen
- ☐ Kontinuierliches Monitoring, um Prozesse ganzheitlich zu automatisieren

5. Schulung & Aktualisierung

- ☐ Maklerhandbuch als zentrales Wissensmanagement erstellen
- ☐ Trainingsplattform für die Entwicklung deiner Mitarbeiter aufbauen
- ☐ Feedback von Mitarbeitern, Kunden und Geschäftspartnern einholen
- ☐ kontinuierliche Prüfung und Weiterentwicklung aller Prozesse

Nur so viel Bürokratie wie nötig!

Auch wenn das Ganze auf den ersten Blick sehr formelhaft und theoretisch klingt: Du sollst dein Unternehmen nicht zu Tode bürokratisieren. Es gibt nie die 100-Prozent-Lösung, gleichwohl sollte unser Ziel darin bestehen, das Bestmögliche zu erreichen! Du solltest die entscheidenden und gleichzeitig standardisierbaren Abläufe festhalten, damit dein Geschäft noch besser läuft und die Risiken minimiert werden. Denn meine Erfahrung und die meiner Kunden lautet ganz eindeutig, dass sich bis zu 80 Prozent der Abläufe dokumentieren und standardisieren lassen. Wer diese Potenziale nutzt, spart zum Beispiel enorme Ressourcen, sorgt bei Krankheiten oder Wechsel von Mitarbeitern für den problemlosen Fortlauf aller Geschäftsaktivitäten und reduziert damit im Endeffekt eine Menge Stress. Und für die verbleibenden 20 Prozent gibt es das Know-how der Kollegen im Büro. Damit sorgst du für so viel Standardisierung wie möglich und schaffst so viel Flexibilität für Sonderfälle wie nötig. Dieses Prinzip ist weder meine Erfindung noch besonders neu. Vielmehr gilt es als wichtige Grundlage für effizientes Arbeiten.

Abbildung 10: Das Pareto-Prinzip

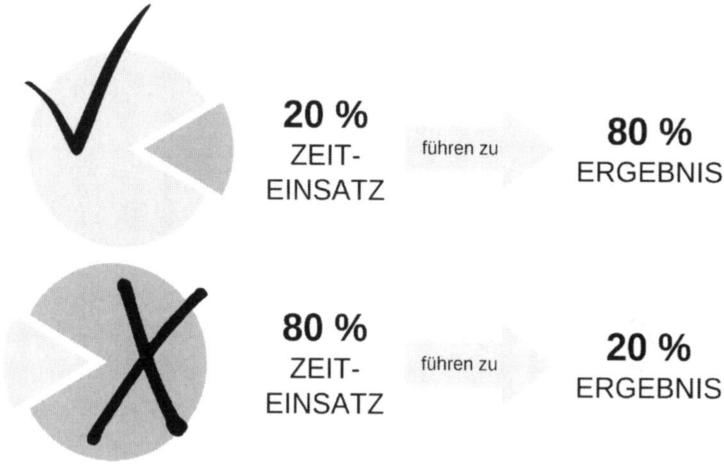

Standards gestatten die Automatisierung

Du kennst nun ein Hauptziel der beschriebenen Standardisierung: Es heißt, Prozesse so weit wie möglich zu vereinfachen und damit die Arbeit von dir und deinen Leuten effizienter zu gestalten. Doch damit nicht genug. Überdies bieten solche Standards die Chance zur Automatisierung – du kannst Technik dafür einsetzen und musst sie nicht mehr manuell abarbeiten. Läuft jedoch jeder Arbeitsschritt individuell ab und wird immer wieder anders erledigt, kann dir auch keine Software dabei helfen. Ein Beispiel bietet die Neukundenanfrage. In diesen Fällen kannst du vorab ein Maklermandat verschicken, in das der Kunde seine persönlichen Daten einträgt und mit dessen Hilfe automatisch ein Vertragsdokument generiert wird. Dies kann er unterschreiben und anschließend geht es automatisch ans

Büro zur Gegenzeichnung. Vielleicht integrierst du gleich ein Feld zur Anmeldung für deinen Kunden-Newsletter. So ist der Abschluss bereits im Standard hinterlegt und du schaffst die Gelegenheit für weitere Geschäfte. Zudem können diese Daten automatisiert direkt ins Maklerverwaltungsprogramm fließen.

Durch Automatisierung und Standardisierung bekommt der Neukunde am Prozessende die Einladung für die Versicherungsanalyse beim Kennenlerngespräch und es ist bereits alles vorbereitet, was es für den Abschluss braucht. In diese Routine kannst du eine Erinnerung einbauen, die automatisch vor dem Termin verschickt wird. Damit lässt sich der Versand von Unterlagen und Ähnlichem verbinden, damit der Kunde mit dem nötigen Vorwissen bei dir erscheint. Alles ohne manuelles Zutun. Eine derartige Standardisierung ermöglicht es, sehr zielführend zu arbeiten, nach außen hin professionell aufzutreten und Potenziale zu heben. Und weil sich diese 08/15-Prozesse weitgehend automatisieren lassen, können sich deine Mitarbeiter und du auf die wesentlichen Dinge konzentrieren: mehr Geschäft machen! Noch ein wichtiger Vorteil von Standards: Deine Kunden und Partner erhalten gleichbleibend hohe Qualität und stets vergleichbare Ergebnisse. Denn was du intern verbesserst, kommt eins zu eins deinen Kunden zugute.

Wer seine Prozesse auf der Grundlage eines Maklerhandbuches dokumentiert, räumt damit im eigenen Unternehmen auf. Vielleicht kennst du das Gefühl vom letzten Kellerausmisten. Sich von überflüssigen Dingen zu trennen und eine neue Ordnung zu schaffen, tut einfach gut. Und dieses Gefühl entsteht auch, wenn man im Unternehmen aufräumt und sinnvolle Strukturen schafft.

Gerade die mentalen Aspekte einer solchen Aktion solltest du nicht unterschätzen. Sie reduziert die Risiken langfristig, schafft Sicherheit und hilft damit beim Stressabbau. Denn was das System automatisch erledigt, können du oder deine Leute nicht vergessen. Das Ergebnis heißt entspannteres Arbeiten als zuvor.

Wie du mit Dokumentation und Standardisierung beginnst

Die Erfahrung zeigt, dass du mit Dokumentation und Standardisierung immer bei solchen Prozessen beginnen solltest, die sich am meisten auf dein Geschäft auswirken. Stelle dir also zwei Fragen:

1. Welche Aufgaben bereiten dir oder deinen Beschäftigten den größten Aufwand?
2. Welche Tätigkeiten beeinflussen deine Geschäftsentwicklung besonders positiv?

Vermutlich schreibst du – wie viele Kollegen auch – Themen wie Dokumente, Datenpflege und Buchhaltung ganz oben auf die Liste mit den aufwändigsten Aufgaben. Und wahrscheinlich bringen Optimierungen im Vertrieb bei dir kurzfristige und positive Auswirkungen auf den Umsatz. In diesen Bereichen solltest du daher zunächst den Hebel ansetzen und mit Dokumentation sowie Standardisierung beginnen.

Abbildung 11: Das Ablaufdiagramm

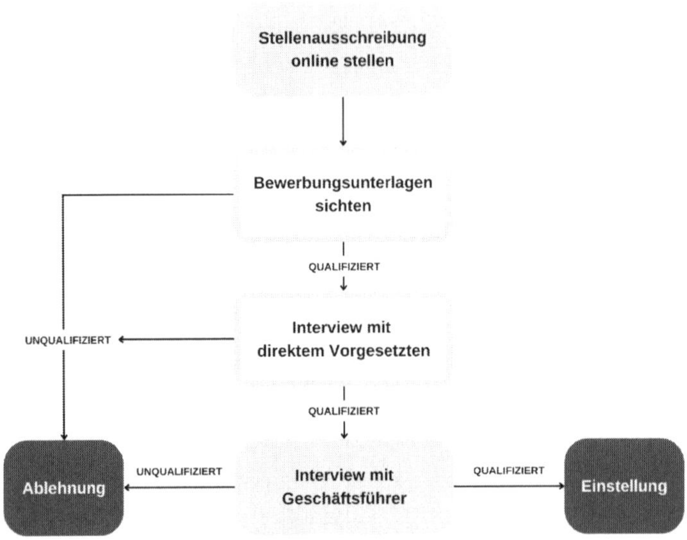

Mit Hilfe der Prinzipien des Business Model Canvas, Prozesslandkarten, Ablaufdiagrammen oder mit unserem Vorlagen-Set kannst du ein Unternehmenshandbuch individuell für deine Firma erstellen. Diese Dokumentation liefert die Grundlage für die Optimierung deiner Prozesse und gleichzeitig für die Umsetzung einer umfassenden Digitalisierungsstrategie.

Datenschutz

Beim Gestalten der Prozesse ist das Thema Datenschutz nicht weit, gerade in unserer Branche mit einer Vielzahl an sensiblen Personen- und Finanzdaten. Trotzdem pflegen einige Verantwortliche eine regelrechte Abwehrhaltung gegen diesen Bereich.

Die Datenschutzgrundverordnung (DSGVO) dient vielen Maklern und Vermittlern als Begründung, warum sie diese oder jene Software nicht nutzen und einen Prozess nicht umsetzen dürfen. Die Details spielen keine Rolle und mitunter entstehen die schönsten Blüten. So existieren große Vorbehalte gegenüber dem Google Workspace, Microsoft dagegen kommt ganz selbstverständlich zum Einsatz. Meiner Erfahrung nach handelt es sich meistens um Ausreden und diese Ablehnung ist keine gute Idee. Viel besser ist es, auf Expertise zu setzen und für die konkrete Umsetzung der Digitalisierung beispielsweise einen Datenschutzbeauftragten oder einen spezialisierten Rechtsanwalt zu bemühen. Deren Kosten amortisieren sich sehr schnell durch die gesteigerte Effizienz digitaler Prozesse. Denn fast immer braucht es lediglich gewisse Kniffe, um einen digitalen Prozess datenschutzrechtlich einwandfrei aufzusetzen. Höre daher nicht auf die Bedenkenträger, sondern halte dich an Fachleute, die eine Lösung auf die Beine stellen. Gerade im Finanz- und Versicherungsbereich arbeiten viele Unternehmen seit Jahren erfolgreich mit solchen Tools, die andere Bedenkenträger aus Datenschutzgründen ablehnen.

Deine individuelle Risikoabwägung zählt

Im Bereich Datenschutz lassen sich kaum generelle Aussagen machen oder Empfehlungen geben, zu individuell sind Szenarien und Vorgaben. Deine Praxis sollte sich daher nach deinen Anforderungen richten und deine Entscheidungen sollten auf einer individuellen Risikoabwägung basieren – so wie fast jede andere unternehmerische Entscheidung auch. Letztlich braucht es eine Gegenüberstellung von Chancen und Gefahren. Das gilt vor allem für das Marketing, wenn zum

Beispiel Analyse- und Trackingtools auf deiner Webseite ins Spiel kommen. Risiken existieren immer. Doch denke an dich selbst: Du nutzt garantiert Apps und Programme, die aufgrund des Datenschutzes in der Kritik stehen. Trotzdem sind diese im Einsatz. Und genauso halten es die meisten deiner Kunden. Willst du sie erreichen, solltest du zumindest über Möglichkeiten der geschäftlichen Nutzung von WhatsApp & Co. nachdenken. Die vertrieblichen Potenziale dieser Informationen sind immens und die Daten aus Policen oder Beitragsrechnungen enthalten viele Ansätze, um den Versicherungsschutz der Kunden zu optimieren und damit auch für Wachstum im eigenen Geschäft zu sorgen. Dazu braucht es jedoch gewisse Voraussetzungen in puncto Datenaustausch mit Versicherern und Kundenverwaltung im eigenen Unternehmen.

Nimm den Datenschutz ernst

Der Datenschutz darf nie zu kurz kommen, gesetzliche Vorgaben wie die DSGVO, die Grundsätze zur ordnungsmäßigen Führung und Aufbewahrung von Büchern, Aufzeichnungen und Unterlagen in elektronischer Form sowie zum Datenzugriff (GoBD) halte ich für wichtig und richtig, und ein verantwortungsvoller Umgang mit persönlichen Daten ist in unser aller Interesse. Egal wie Daten gespeichert und verarbeitet werden, diesen rechtlichen Vorgaben müssen wir entsprechen. Außerdem plädiere ich dafür, den Datenschutz nicht als Bremser oder einen nervigen Faktor zu betrachten. Vielmehr bildet der sorgfältige und sparsame Umgang mit Kundendaten die Grundlage für erfolgreiche Geschäfts- beziehungen, gerade in unserer Branche. Aus meiner Sicht ist es daher selbstverständlich, die

Vorschriften von DSGVO & Co. zu beachten und personenbezogene Daten konsequent zu schützen. Dazu gehören alle Informationen, die sich direkt oder indirekt auf einen Menschen beziehen lassen und dessen Identifikation erlauben. Beispiele sind Name, Alter, Geburtsdatum, Geschlecht, Anschrift, Kontodaten, Steuer-ID und Fotos. Und genau mit derartigen Daten befassen sich Makler und Vermittler täglich. Wer es richtig anstellt, kann die datenschutzrechtlichen Vorgaben auch bei digitalisierten Prozessen einhalten, und es fällt oft sogar leichter, diese Compliance zu dokumentieren und auf Nachfrage zu belegen.

Null Papier

Mit einem gut umgesetzten Wissensmanagement sowie einer weitgehend digitalisierten und automatisierten Infrastruktur können sich auch Arbeitsweise und Struktur vieler Büros verändern. Man muss nicht mehr in irgendwelchen Ordnern suchen oder sich um die Ablage kümmern. Gerade das Eliminieren der Papierflut bedeutet eine große Erleichterung, sie räumt zudem Ressourcen frei. Wer die Digitalisierung konsequent in Angriff nimmt, kann die Schrankwände voller Aktenordner so langsam abbauen oder zumindest aus dem Sichtfeld verbannen. Das papierlose Büro ist heute kein abstraktes Ideal mehr, sondern ein ganz konkretes Ziel. Das gilt umso mehr, weil die Papiermengen vielerorts sogar noch zunehmen. Digitale Prozesse können diese wenig zeitgemäße Entwicklung stoppen. Zunächst möchte ich die Grundlagen dazu vermitteln, weiter ins Detail der sehr makler- und vermittlerspezifischen Belegverarbeitung gehe ich dann später.

10 Gründe für das papierlose Arbeiten

Die Vorteile des papierlosen Büros liegen auf der Hand. Du kannst beispielsweise jederzeit und von überall arbeiten und gewinnst mehr Flexibilität. Das klingt jedoch alles ein wenig abstrakt, deshalb kommen hier zehn gute Gründe, warum du auf ein papierloses Büro umstellen solltest:

1. Papier und Druck verursachen unnötige Kosten und sind im Handling nicht mehr zeitgemäß.
2. Das Gleiche gilt für den Aufwand, der durch Bestückung und Wartung eines Druckers entsteht.
3. Du kannst deinen Zeitaufwand minimieren, indem du auf Doppelablage und Archivierung verzichtest.
4. Informationsbereitstellung, -übermittlung, -verbreitung und -archivierung lassen sich mit den richtigen Tools wunderbar digital abbilden.
5. Du musst nie wieder hunderte Akten durchsuchen, um das Richtige dann doch nicht zu finden.
6. Die richtigen Lösungen vereinfachen auch die Zusammenarbeit und Kommunikation im Unternehmen.
7. Mit der digitalen Dokumentenablage lässt sich deutlich mehr reale Sicherheit erreichen.
8. Du verhinderst unnötige Bürokratie.
9. Du kannst deine gesamte Dokumentation (Unternehmensprozesse etc.) komplett digital abbilden.
10. Dein Wissensmanagement oder die Nachverfolgung von Änderungen und Ergänzungen sind kein Problem mehr.

Wie du jetzt wirklich Zero-Paper einführst

Die angeführten Gründe für das papierlose Büro mögen vielen einleuchten, meiner Erfahrung nach hakt es oft an der Umsetzung. Meinen Kunden stelle ich daher einen individuellen Fahrplan zur Verfügung. Dieser zeigt auf, welche Schritte sie auf welche Art und Weise gehen sollten und worauf es dabei ankommt. Auch wenn sich der Weg je nach Unternehmen unterscheidet, funktioniert der grundsätzliche Prozess bei dir. Er beginnt mit der Digitalisierung der Eingangspost – meist per Scan – oder der radikalen Umstellung der Versandoptionen deiner Versicherungspartner auf elektronische Post, geht über die Weiterverarbeitung und strukturierte Speicherung in deiner Datenbank und endet noch längst nicht mit der Einführung umfassender Such- und Auswertungsmechanismen. Konkret sieht das Ganze so aus:

1. Berücksichtige die Verwaltung deines Postein- und -ausgangs sowie das Dokumenten- und Wissens-management.
2. Digitalisiere jedes physische Dokument.
3. Reduziere die Papierproduktion auf ein Minimum. Um deine physische Post und andere Dokumente zu digitalisieren, brauchst du entweder einen Scanner oder du nutzt einen Full-Service-Dienstleister.
4. Je nach Bürogröße und Anzahl der Mitarbeiter benötigst du entweder einen großen Scanner oder wenige, kleinere Einzelplatzgeräte. Meine Empfehlung lautet, lieber wenige und kleine Scanner zu nutzen.
5. Scanner-/Drucker-Kombinationen sind aus meiner Sicht nicht empfehlenswert. Geht eine Funktion kaputt, fällt meist das gesamte Gerät aus.

6. Allgemein sinkt das Volumen an Dokumenten, die gescannt werden müssen. Das gilt vor allem dann, wenn alle Tools für das papierlose Büro richtig eingestellt sind.
7. Wichtig ist, alle Dokumente mit einer OCR-Funktionalität zu scannen, nur dann sind sie später brauchbar. OCR (Optical Character Recognition) erkennt die gescannten Texte und sorgt dafür, dass die fertige Datei durchsuchbar ist. Dafür gibt es zwei Wege: Entweder verfügt dein Scanner über OCR und liefert gleich die entsprechenden Dateien oder du nutzt eine zusätzliche Software, die deine gescannten Dokumente in das richtige Format umwandelt.

Wenn du diese Punkte beachtest, machst du einen großen Schritt in Richtung papierloses Büro. Die konkrete Umsetzung hängt vor allem an deiner Wahl der Technik. Sie entscheidet darüber, welcher Aufwand für dich entsteht. Gerade bei größeren Postvolumina oder wenn umfangreiche Archive existieren, können verschiedene Scanner/ Prozesse/Dienstleister zu erheblichen Qualitäts- und Kostenunterschieden führen. Hier gilt es, die in deinem Büro einmal und regelmäßig anfallenden Digitalisierungsarbeiten vorab zu analysieren und die passenden Lösungen auszuwählen. Oft ist es sinnvoll, professionellen Rat einzuholen. Die Kosten dafür spielst du meist schon in einem Jahr wieder ein. Zum Abschluss noch zwei Tipps zur Technik: Meine Empfehlung für Scanner lautet *ScanSnap* von Fujitsu und als App fürs Handy nutze ich gerne *Genius Scan*. Du siehst, es braucht keine großartige Technik, mit der entsprechenden App auf dem Smartphone kann jeder Belege scannen und die Geschäftsprozesse weitgehend digitalisieren. Nutzt du diese Möglichkeit, bist du intern top aufgestellt.

Wenn der Postbote per E-Mail kommt

In der Regel erhältst du wahrscheinlich kaum mehr Briefpost, die verbleibenden Reste lassen sich jedoch wunderbar und ohne Aufwand für dich digitalisieren. Mein Lieblingstool für diesen Zweck heißt *Dropscan.* Ich mag es vor allem deshalb, weil es sich mit der Deutschen Post AG verbinden lässt. Die Post kann deine Briefpost auf Basis eines Weiterleitungsauftrags automatisch an Dropscan leiten. Oder du lässt die Briefpost direkt an das Scanzentrum senden. Dazu teilst du deinen Lieferanten direkt die Scanbox Adresse vom Scanzentrum mit.

Die lautet beispielsweise:
Dein Firmenname GmbH
Scanbox #99999
Ehrenbergstr. 16a
10245 Berlin

Beim Scandienstleister wird sie eingescannt und kommt dann per E-Mail oder Schnittstelle direkt in dein Dokumentenmanagementsystem, Maklerverwaltungsprogramm oder KI-Tool (z. B. Postfach Plus von Insurgo).

Solltest du doch etwas analog benötigen (z. B. eine Notarurkunde), kannst du dir die Sendung zusätzlich per Brief zukommen lassen. Um den physischen Posteingang weitgehend zu reduzieren, solltest du außerdem die Herkunft der Daten analysieren. Typischerweise geht es bei Maklern und Vermittlern um Policen, Verträge und Beitragsrechnungen, die in digitaler Form verarbeitet werden sollen.

Dein Ziel heißt also, einen Überblick über die Briefpost zu bekommen – wir nutzen dafür eine Matrix innerhalb des Unternehmenshandbuches. Mit Hilfe dieser Analyse kannst du die Absender dann ansprechen, um noch stärker auf digitale Post umzustellen. Viele freuen sich, wenn sie den Aufwand des physischen Versands vermeiden können. Damit reduzierst du Schritt für Schritt die Briefpost und nutzt im Gegenzug die modernen Datenlieferungen per BiPRO und Co.

Abbildung 12: Der Scanprozess

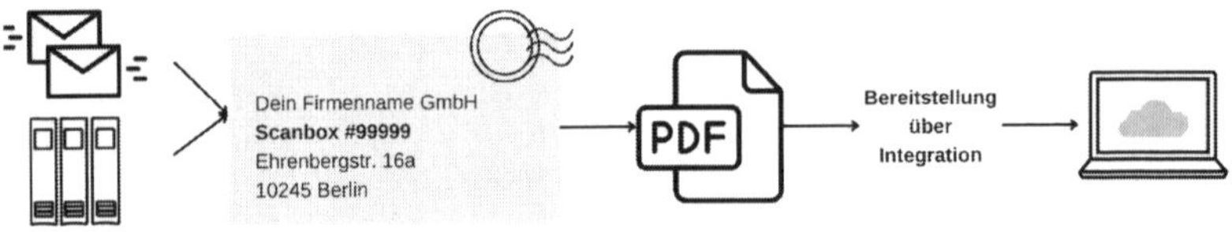

Es ist auch möglich, verschiedene Scanboxen einzurichten. Dies kann bei unterschiedlichen Unternehmensbereichen sinnvoll sein, wenn separate Automatisierungsgrade erforderlich sind. Etablierte Dienstleister wie Dropscan verfügen auch über Schnittstellen zu Google Drive, Microsoft OneDrive oder Dropbox; ebenso kannst du Briefe direkt in moderne Maklerverwaltungsprogramme wie Insurgo weiterleiten lassen.

Ohne Drucker Briefe verschicken

Was beim Posteingang funktioniert, geht auch mit dem Postausgang. Aus Erfahrung weiß ich, dass sich viele Makler und Vermittler überhaupt nicht vorstellen können, ihre Post digital zu versenden. So ist es gelegentlich erforderlich, einen Antrag oder Ähnliches postalisch zu verschicken, und grundsätzlich sind Briefe ein hervorragendes Instrument zur Kundenansprache und für Werbezwecke. Viele Menschen werden über E-Mails kontaktiert und klicken schnell auf das Löschsymbol. Ein gut gemachter Brief zur Akquise kann sehr gut funktionieren. Für diese Aufgaben existieren digitale Dienstleister. Du musst keine 100 Briefe physisch drucken, eintüten, frankieren und versenden. Viel weniger Aufwand bereiten Tools wie *PixelLetter* oder *LetterXpress*. Dorthin kannst du die Briefe online übermitteln und der Service druckt, falzt, kuvertiert, frankiert und versendet sie. Zunächst schreibst du den Brief ganz normal am Computer und fügst deine digitale Unterschrift ein (als JPEG oder PNG). Dann lädst du das Dokument bei den genannten Dienstleistern hoch und diese erledigen den Rest. Kein Papier, keine Umschläge, keine Briefmarken!

Deine digitale Ablage

Die logische Konsequenz aus den vorigen Kapiteln kann nur lauten, auch die Ablage in ein digitales Format zu überführen und die bisher existierenden Aktenschränke aus dem Büro zu verbannen. Denn wenn alle Dokumente digital ein- und ausgehen, ergibt es keinen Sinn, sie auszudrucken und in Papierform aufzubewahren. Zu diesem Zweck existieren diverse Dokumentenmanagementsysteme verschiedener Anbieter, und welches davon du einsetzen willst, hängt von deinen persönlichen Anforderungen und Rahmenbedingungen ab. Meine Erfahrung zeigt jedoch, dass man am besten fährt, wenn man auf weit verbreitete Standards setzt. Wichtig ist, drei Ablageorte für drei Bereiche im Versicherungsgeschäft zu unterscheiden:

1. Dokumente zum Kunden und Vertrag
   Diese gehören prinzipiell ins Maklerverwaltungsprogramm (MVP).
2. Sonstige Dokumente wie Lieferanten, Personal etc.
   Je nach Zweck und Anforderungen gehören diese in ein Dokumentenmanagementsystem. Die besten Erfahrungen habe ich mit *Google Drive* gemacht. OneDrive von Microsoft ist ebenfalls sehr verbreitet.
3. Finanzbuchhaltung
   Auch für diesen Bereich existieren geeignete Lösungen, mehr dazu erfährst du im eigenen Kapitel zum Thema Buchhaltung und Controlling.

Cloud & Strategie

In den bisherigen Kapiteln ging es gleich in die praktische Umsetzung, um den Wert von starken Unternehmensprozessen und dem papierlosen Arbeiten deutlich zu machen.

Lass uns jetzt über Aspekte sprechen, die vielleicht im ersten Moment etwas theoretisch klingen. Du wirst jedoch schnell verstehen, dass hier ein hoher Einfluss auf die Unternehmenspraxis gegeben ist. Themen, die im ersten Moment akademisch und weit weg klingen – also nach dem Motto: "betrifft mich nicht" – haben mittel- und langfristig enorme Auswirkungen auf deinen Geschäftsbetrieb. Wenn du die Auswirkung zu Beginn nicht ernst nimmst und die falschen (oder keine) Entscheidungen triffst, dann hast du es später sehr schwer, deine Ziele zu erreichen.

Die richtige Lösung für dich

Die passende Infrastruktur bildet einen wichtigen Schritt auf dem Weg zur Digitalisierung. Bevor du über Soft- und Hardware für dein Büro entscheidest, möchte ich für ein Aufbrechen traditioneller Denkweisen werben. Denn wenn es um die Auswahl der richtigen Systeme geht, wünschen sich viele Makler und Vermittler eine Lösung für alles. Diese Vorstellung stammt wahrscheinlich noch aus der Vergangenheit, als die Devise "alles aus einer Hand" galt. Doch leider gibt es aus meiner Sicht kein solches Programm. Ich empfehle daher eine Lösung, die möglichst viele unterschiedliche Softwareprodukte miteinander verbinden kann – und hier kommen dann wieder die erwähnten

Schnittstellen ins Spiel. Der Markt bietet immer mehr hochspezialisierte Lösungen, die ein ganz bestimmtes Problem für deine Zwecke optimal lösen. Und mit ihnen fährst du deutlich besser, als mit einem Standard, der deine Aufgaben nur teilweise erfüllt und dauerhaft manuelle Nacharbeiten erfordert.

Dein Erfolg hängt also wesentlich davon ab, die richtigen Lösungen zu identifizieren, um deine Anforderungen bestmöglich zu erfüllen. Maßstab dafür sollten Kunden, Geschäftsmodell und Arbeitsprozesse sein. Konkreter wird dieses Prinzip, wenn du an den ersten Pfeiler der Digitalisierung denkst: Im Auslieferungszustand kann dein Smartphone nur wenig, es liefert lediglich die Plattform. Der enorme Nutzen beruht auf den zusätzlichen Apps. Eine geeignete IT-Infrastruktur muss daher die verschiedenen Bausteine reibungslos miteinander verknüpfen und dazu braucht es die passenden Schnittstellen. Eine typische Form der Schnittstelle ist die API (Application Programming Interface), mit ihrer Hilfe können Anwendungen untereinander Daten austauschen und zusammenarbeiten.

Technologien sehen heute anders aus

Das Prinzip der Zusammenarbeit unterschiedlicher Systeme und Lösungen kennen wir aus unserem gesamten Umfeld: Egal ob es um Autos, das Finanzsystem oder unsere Immobilie geht, alles ist miteinander vernetzt. Rein technisch gesehen sind überall Schnittstellen vorhanden und von dieser übergeordneten Entwicklung können wir uns selbstverständlich nicht abkapseln. Fazit: In Zukunft brauchst du keine Software, die alles kann. Vielmehr kommt es auf ein belastbares Gerüst an, das die Vernetzung der Anwendungen und Prozesse gestattet. Damit lassen sich zudem die heute üblichen Anforderungen an die IT-Infrastruktur besser erfüllen: Sie müssen auf Nutzer und Nutzung zugeschnitten sein. Am Anfang steht ein bestimmter Anwendungsfall – die Freigabe von neuen Beitragsrechnungen über die App an deine Kunden zum Beispiel – und vor diesem Hintergrund entsteht die dazu passende und so nutzerfreundlich wie möglich gestaltete Lösung.

Dieser allgegenwärtige Wandel im Softwarebereich lässt sich bereits rein äußerlich erkennen; viele Programme sehen heute anders aus als früher. Mit den Nutzungsszenarien im Vordergrund fokussieren sich die Anbieter mehr auf ihre Kunden. Neben den Funktionen und Leistungen geht es vor allem um die sogenannte User Experience. Diese Umstellung ist gerade für manche Ältere ungewohnt, sie kennen Excel oder Access und das generelle Prinzip. Man hatte eine Anforderung und suchte dann aufwändig nach dem Weg, die nötigen Funktionen im Programm abzubilden. Heute sind viele Apps einfach und speziell für eine Anforderung konzipiert, sie gehen also genau andersherum an die Sache heran. Dahinter steckt auch ein Generationen- wechsel; gerade jüngere Anwender können mit der Komplexität von Excel und Co. nur wenig anfangen. Es geht damit nicht nur um einen überzeugenden Service für deine Kunden, mit modernen Systemen steigerst du deine Attraktivität für Mitarbeiter.

Du wirst keine Software mehr kaufen

Der bereits beschriebene Siegeszug der Cloud treibt auch eine andere Entwicklung voran: Kaufmodelle verlieren an Bedeutung. Wer heute einen bestimmten Service benötigt, erwirbt selten Lizenzen oder Updates. Stattdessen bezahlt er eine Gebühr für die Nutzung. Dieses Prinzip nennt sich *Software as a Service* (SaaS) und es bietet den großen Vorteil, immer die aktuellste Version nutzen zu können. Zudem fallen die früher üblichen, hohen Einmalkosten bei Kauf und Einrichtung weg, wie du in der Gegenüberstellung erkennen kannst.

Software im Büro

Vorher

- Server und Software kaufen
- Systeme aufwändig einrichten
- Selbst für Updates sorgen
- Käufer muss Betrieb sicherstellen
- Hohe Einmalkosten
- Hoher Aufwand für Skalierung
- Verantwortung auf Kundenseite

Nachher

- Recht der Nutzung mieten
- Systeme sofort am Start
- Kaum technische Voraussetzungen
- Anbieter übernimmt Aktualisierungen
- Zahlung über die Nutzungszeit hinweg
- Geringere Kapitalbindung
- Große Flexibilität, Nutzerzahlen schnell anpassbar

Der Schwenk zu SaaS-Modellen ist viel weiter gediehen, als vielen Nutzern und Unternehmern klar ist. So sind die Platzhirsche unter den Anbietern für Bürosoftware bereits seit längerem mit ihren Cloud-Paketen erfolgreich. Wo Microsoft das Office-Angebot erst verlagern musste, begann Google von Anfang an als reiner SaaS-Anbieter. Wenn es um Standards wie E-Mail, Kalender, Textverarbeitung oder Ähnliches geht, dürfte kaum ein Makler oder Vermittler um diese beiden herumkommen. Deshalb möchte ich ihnen ein eigenes Kapitel widmen.

Microsoft 365 vs. Google Workspace

Dieses Thema geht an die Grundfesten des Arbeitsalltags, es behandelt sozusagen das Betriebssystem deiner Büroarbeit. Und fast immer steckt eine Tradition dahinter. Bei vielen Anwendern ging es mit Windows-Rechnern los, und bis heute läuft Microsoft Office und die E-Mails werden per Outlook verschickt. So sehen Standards aus und dank Abo-Modell sind die Programme mittlerweile stets aktuell – die Lösung dahinter heißt Microsoft 365. Zudem gibt es bereits seit vielen Jahren die moderne Alternative Google Workspace (früher G Suite). Im Kern sind beide Angebote sehr ähnlich, sie enthalten Programme für E-Mail, Tabellenkalkulation, Präsentationen, Kollaboration, Schreiben und einiges mehr.

Auch die Funktionalitäten der einzelnen Programme unterscheiden sich nur wenig, so dass jeder Standardanwender (und letztlich sind Makler oder Vermittler genau dies) seine Aufgaben problemlos erfüllen kann. Allerdings existiert ein großer Unterschied: Microsoft 365 wurde ursprünglich für die lokale Anwendung auf dem PC entwickelt, viele Nutzer hängen nach wie vor am stationären Outlook. Google wurde von Beginn an für die Cloud geschaffen. Google ist also bereits dort, wo wir hinmöchten, und verfügt meiner Erfahrung nach über einen deutlichen Vorsprung in puncto Nutzerfreundlichkeit, Geschwindigkeit und Einfachheit. Wer konsequent auf die Cloud setzt und diese Vorteile schätzt, ist meines Erachtens nach mit Google besser bedient.

Skalierbar und wartungsarm

Microsoft 365 und vor allem Google Workspace bieten alle Vorteile von Cloud-Lösungen. Sie lassen sich problemlos von 3 auf 300 Nutzer skalieren und benötigen kaum eigene IT-Infrastruktur; Betriebssystem und Webbrowser genügen. Damit profitierst du von einem Plus an Sicherheit. Viele Cyberangriffe haben den Hintergrund, dass die Schadsoftware durch Sicherheitslücken beim Anwender in der lokalen IT-Umgebung ausgeführt oder durch klares menschliches Versagen aktiviert wird. Diese Risiken sind bei einer Cloud-Lösung deutlich geringer. Denn wer Schadsoftware im Google-Mailaccount erhält, hat diesen noch längst nicht auf seinem Rechner – schließlich befinden sich die Daten in der Cloud. Hier liegt ein Großteil der Verantwortung also bei den Anbietern und diese verfügen über extrem gute Sicherheitsmechanismen. Wer dagegen Outlook lokal nutzt, bekommt Schadsoftware unmittelbar auf seinen Rechner geliefert.

Umfassende Vernetzung

Ein großer Vorteil des Google Workspace besteht in der Möglichkeit, Anwendungen zu vernetzen und Daten übergreifend zu nutzen. Google überlässt dir die Hoheit über deine Daten und erlaubt dir, Programme von fremden Anbietern zu integrieren oder sogar eigene Anwendungen zu programmieren. Du kannst zum Beispiel ein Terminbuchungstool an deinen Google-Kalender anschließen und mit einem automatisierten E-Mail-Versand verknüpfen. Oder du kannst E-Mails per Add-on direkt in dein Kundenverwaltungsprogramm integrieren. Diese Möglichkeiten erleichtern die Arbeit ungemein und machen Google aus meiner Sicht zur besten Lösung, die Microsoft-Nutzer zumindest in Erwägung ziehen sollten. Und auch was Datenschutz und Datensicherheit betrifft, kommen Google wie auch Microsoft ihren Pflichten bestmöglich nach.

(Chrome-)Browser als neues Betriebssystem

Da Software zunehmend öfter aus der Cloud stammt, steigt die Bedeutung des Webbrowsers und er wird vermehrt zum Betriebssystem deines Rechners. Er schafft die Basis, auf der die Programme laufen, und übernimmt damit die Aufgaben, die früher dein Rechner ausgeführt hat. Doch interessanterweise verfügen nur wenige Unternehmen über einheitliche Lösungen. Windows bringt den Browser *Edge* als Standardbrowser mit, manche Nutzer installieren zudem *Firefox* oder *Google Chrome*. Manchmal sehe ich bei Kollegen drei Browser gleichzeitig auf dem Rechner, weil das "historisch so gewachsen ist". Die Folge: Anwendungen funktionieren jeweils unterschiedlich oder gar nicht und

Inhalte sehen immer anders aus. Wer es sich leicht machen möchte und darauf setzt, dass alles reibungslos funktioniert, sollte auch hier Standards einführen. Es spielt keine Rolle, ob du ein Drei-Mann- Maklerbüro führst oder 100 Angestellten hast. Bitte sorge für eine einheitliche Basis, was den Browser angeht. Und aufgrund meiner Erfahrung empfehle ich dir, im beruflichen Umfeld stets den Google-Chrome-Browser zu nutzen. Der Grund dafür ist ganz einfach: Chrome besitzt den größten Marktanteil und viele Softwarelösungen werden auf die Nutzung über Chrome optimiert und funktionieren daher damit am besten.

Abbildung 13: Marktanteile der Browserfamilien weltweit in Prozent (Dezember 2021)

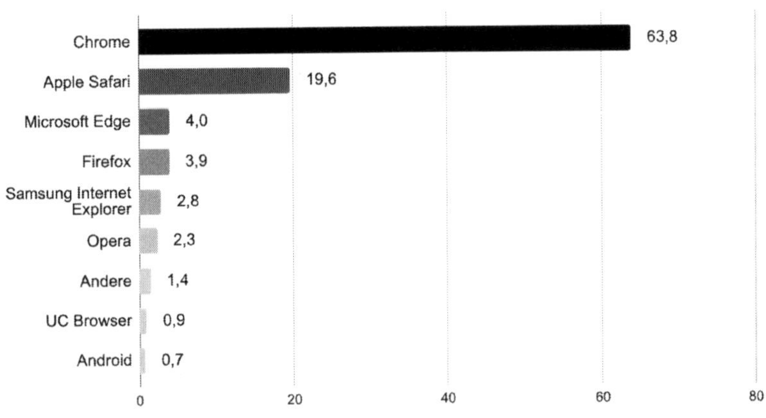

Quelle: https://gs.statcounter.com/browser-market-share

Viele Unternehmer vermischen private und geschäftliche Aktivitäten, sie nutzen oftmals die gleichen Computer für Tätigkeiten innerhalb und außerhalb der Firma. Die Vielfalt an Browsern ermöglicht es beispielsweise, geschäftliche

Angelegenheiten mit Chrome zu erledigen und privat mit einem anderen Browser zu surfen. Damit sorgt man für eine saubere Trennung und stärkt zudem den Datenschutz – Cookies zum Beispiel speichert schließlich jeder Browser separat. Noch ein Hinweis zum Abschluss: Microsoft Edge ist im Kern auch ein Chrome-Browser. Er basiert auf Chromium, der frei verfügbaren und quelloffenen Google-Technologie. Also kannst du auch gleich mit Chrome arbeiten.

Vom MVP zum CRM

Ganz gleich ob wir die bestehende Kundenbasis optimal bedienen wollen, ob wir ein starkes Wachstum anstreben oder die administrativen Tätigkeiten massiv automatisieren möchten – das Management (die Verwaltung) unserer Kunden ist eine Kernaufgabe unseres unternehmerischen Handelns. Die Kundenverwaltung in diesem Sinne – auf Englisch: Customer Relationship Management (CRM) – erfolgt in der Regel mit Hilfe einer Software. Im Versicherungsvertrieb nennen sich diese Anwendungen meist Maklerverwaltungsprogramm (MVP). Leider entpuppen sich diese Lösungen oft als exakte Verkörperungen ihres Namens: Sie dienen vor allem dazu, dass sich ein Makler selbst verwaltet. Diese Herangehensweise halte ich jedoch für wenig sinnvoll, denn sie führt häufig zu einem Verwaltungswasserkopf. Zum geschäftlichen Erfolg tragen diese Programme dagegen kaum etwas bei. Stattdessen brauchen wir Werkzeuge, mit deren Hilfe wir unsere Kundenbeziehungen managen, Bestände verwalten, Aufgaben planen und unsere Prozesse automatisieren können. Die uns also echte Mehrwerte bringen.

Vom Grundsatz her braucht es daher vielmehr ein Maklerdigitalisierungsprogramm - der englische Begriff des CRM deckt diese Anforderung deutlich besser ab als das hier gebräuchliche MVP. Denn es muss Makler und Vermittler in die Lage versetzen, aktiv am Markt zu operieren. Bislang reagieren die meisten Player in unserer Branche lediglich, viele sind überlastet und kommen mit den Verwaltungsaufgaben kaum hinterher. Dieses Problem müssen wir lösen.

Eine gute Software sollte dafür sorgen, dass aus dem ewigen Reagieren ein Agieren wird. Dazu muss sie aus meiner Sicht zuerst einige Kernaufgaben erfüllen.

- Eine gute Software muss einen Überblick über die Kunden verschaffen. Dazu gehören auch Details wie die persönlichen Daten, damit du beispielsweise über Workflows automatisch einen Geburtstagsgruß versenden kannst.
- Eine Notizfunktion muss es gestatten, Einzelheiten zu jedem Kundenkontakt erfassen zu können.
- Sinnvoll ist eine vernünftige Vertragsübersicht, die alle Verträge erfasst – auch Fremdverträge. Sie sollte Details zu den einzelnen Versicherungen und den Verlauf enthalten.
- Dazu gehört auch das Schadenmanagement. Alle gemeldeten Schäden und die jeweilige Regulierung müssen abgebildet werden. Gerade bei Gewerbe- und Industriekunden kann es sich um eine sehr umfangreiche Datenbank handeln.
- Dazu kommen Bereiche wie Aufgabenverwaltung und Dokumentenmanagement.

Weiter unten werde ich noch erklären, wie du Branchenstandards wie BiPRO mit einer Künstlichen Intelligenz (KI) optimal kombinierst. Denn damit kannst du sicherstellen, dass du aktuelle Daten im System hast und zwar automatisiert über alle Gesellschaften und Pools. Denn aktuelle Daten und Details zu Verträgen brauchst du für ein funktionierendes CRM. Die geschilderten Aufgaben bilden jedoch nur den Standard, der uns die alltäglichen Verwaltungsaufgaben erleichtert und uns eine Übersicht verschafft. Darüber hinaus muss das CRM bei der Automatisierung helfen.

- Wie eben beschrieben soll der Datenaustausch mit den Versicherern weitestgehend digital und ohne größeren Aufwand ablaufen. Statt manueller Dateneingaben können Schnittstellen die Kommunikation übernehmen.
- Darüber hinaus ist es sinnvoll, wenn ein solches System bei besonderen Anlässen automatisch E-Mails an die Kunden versendet. Hierfür müssen sich Regeln und Abläufe integrieren lassen.
- Nicht zuletzt sollten sich die vorhandenen Daten für weitere Kundenservices nutzen lassen. Sie können als Grundlage für die Daten in einer Kundenapp dienen.
- Es braucht Schnittstellen für einen sauberen Datenaustausch, mit deren Hilfe sich problemlos weitere Services und Programme ergänzen lassen.
- Auch ein CRM sollte unbedingt in der Cloud laufen. So sind die Grundlagen geschaffen, damit die Lösung mit den Entwicklungen mitwächst und Neuerungen schnellstmöglich einfließen.

Das Technologie-Anbieter-Diagramm der Kundenverwaltungsprogramme

Weil der Markt an Maklerverwaltungsprogrammen sehr undurchsichtig ist und viel mit Buzzwords geworben wird, habe ich eine Übersicht erstellt, die dir bei der Einordnung hilft.

(A) Es gibt ein paar wenige relevante Softwareanbieter, die vor Jahren bzw. Jahrzehnten auf Technologien aufgebaut worden sind, die man heute nicht mehr auswählen würde. Die Lösungen benötigen Server, verursachen einen hohen Einrichtungsaufwand, sind wenig benutzerfreundlich und in Sachen Automatisierung und Schnittstellen auch eher schwach. Solche alten und gewachsenen Systeme auf eine komplett neue Technologie umzustellen, ist für viele kaum bis nicht machbar.

(B) Dann gibt es einige ältere kleine Softwareanbieter, die nicht von den großen Anbietern aufgekauft worden sind. Diese haben es aufgrund ihrer Größe natürlich deutlich schwerer, so einen Wandel zu finanzieren. Viele werden über kurz oder lang einfach "auslaufen".

(C) Die dritte Kategorie sind die modernen Lösungen, die technologisch gut entwickelt sind und Daten und Dokumente automatisiert verarbeiten. Der Knackpunkt hier ist, dass die Nutzung an einen Pool oder ein Partnermodell gebunden ist. Der Anbieter lebt also vom Overhead, auch Differenzcourtage genannt. Diese Systeme funktionieren also nur sinnvoll, wenn du deinen gesamten Versicherungsbestand über einen Anbieter verwaltest. Der Anbieter hat in diesem Modell keinerlei Interesse, dass du noch an einem anderen Ort Verträge einreichst. Schließlich funktioniert die Finanzierung dann nicht mehr. Du begibst dich also in eine Abhängigkeit, die sich nur schwer auflösen lässt.

(D) Und dann gibt es noch die ganz wenigen modernen Lösungen, die technologisch gut entwickelt sind, Schnittstellen bieten, nahezu vollautomatisiert Daten und Dokumente verarbeiten, eine smarte Kundenapp angebunden haben und großen Wert auf Benutzer-freundlichkeit legen. Also echte Innovation, verbunden mit einem Geschäftsmodell, welches dein Unternehmen stärkt und dir dauerhaft Unabhängigkeit bietet.

(E) Als Randnotiz sei erwähnt, dass es ein Programm aus der Ecke der Versicherer gibt. Dass du als Makler aber besser deine gesamten Kundendaten (= deinen Unternehmens- wert) nicht beim Versicherer speicherst, sollte klar sein.

Abbildung 14: Das Technologie-Anbieter-Diagramm der Kundenverwaltungsprogramme

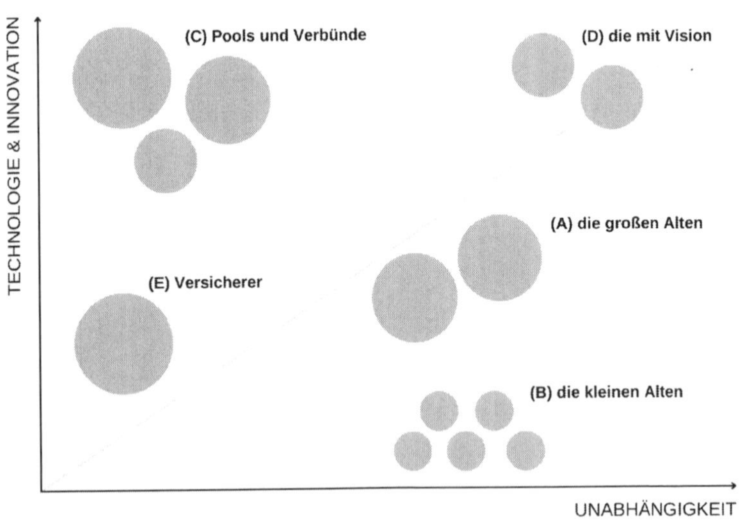

Datenaustausch mit Versicherern und Pool-Partnern

Oftmals sind sich viele Maklerkollegen sicher, den maximalen Grad an Automatisierung bereits auszuschöpfen, weil die Postabholung weitestgehend automatisiert läuft. Mit der Einschätzung liegt man aber komplett falsch, weil das nur einer kleiner Teil der gesamten Prozesskette ist. In der Praxis lässt sich noch viel mehr automatisieren. Eine Digitalisierung der Dokumente und die weitgehende Automatisierung von Datenaustausch und -verarbeitung bergen enorme Potenziale. Deshalb solltest du alle Möglichkeiten ausschöpfen, die im Moment zur Verfügung stehen. Diese Devise gilt ungeachtet der Tatsache, dass viele Partner und Versicherer in diesem Bereich längst keine perfekte Lösung bieten. So wäre es aus meiner Sicht wünschenswert, alle Daten zu Kunden, Verträgen, Rechnungen und so weiter vollautomatisch zu verteilen und zu pflegen. 100 Prozent hier raus und dort rein gibt es jedoch leider nicht. Als Unternehmer sollten wir allerdings den derzeit bestmöglichen Standard umsetzen und zukünftige Potenziale zeitnah nutzen. Schon mit den heute verfügbaren Angeboten kannst du erhebliche Effizienzgewinne realisieren, schließlich erledigt der Computer viele der langweiligen Routinen problemlos für dich.

Maximale Automationen – Vorher-/Nachher-Übersicht

Um volle Klarheit in das Thema zu bringen, habe ich dir eine Übersicht über die typischen Aufgaben bei der Datenverarbeitung und -pflege erstellt. Diese zeitraubenden Tätigkeiten werden viel zu oft vollständig oder zum Teil per Hand erledigt, obwohl es längst nicht mehr nötig ist. Teilweise fehlt den Versicherungsmaklern das Wissen, wie die gesamte Prozesskette digitalisiert und automatisiert werden kann. Im Übrigen werden dadurch enorme Personalkapazitäten freigesetzt, die du wiederum für wertstiftende Tätigkeiten wie Kundenservice und Vertrieb einsetzen kannst. Wenn du es richtig angehst, reduzierst du den Aufwand/die Kosten und steigerst deinen Provisionsumsatz. Das Ganze erkläre ich dir am Beispiel von Insurgo, das Maklerverwaltungsprogramm, welches ich später detaillierter beschreibe.

Hinweis: Es gibt immer noch Vermittler, die Dokumente teilweise in Papierform ablegen oder sogar ganz auf eine digitale Verwaltung pfeifen. Ich setze voraus, dass dir bewusst geworden ist, dass das keine Zukunft hat. Daher werde ich auf solche Fälle nicht eingehen.

Abbildung 15: Prozessautomation Postabholung bei Versicherern und Pools

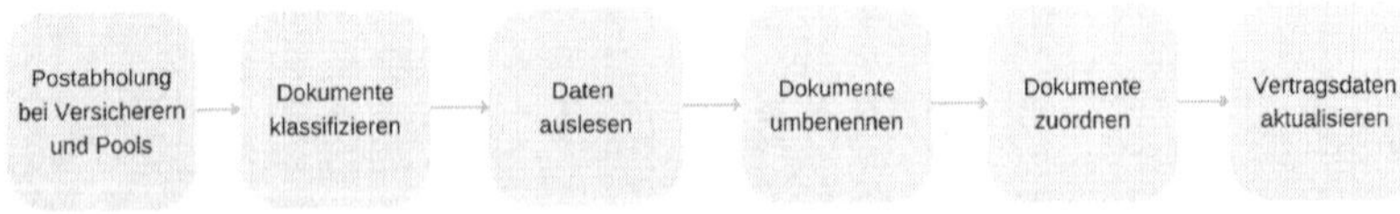

Abruf digitaler Post bei Versicherern und Pools

Vorher
Du lädst händisch oder teilweise automatisiert über BiPRO-Tools und Postboxen die Dokumente aus den verschiedenen Portalen der Versicherer und Pools.

Nachher
Die Post wird von einer zentralen und unabhängigen Software vollautomatisch und mehrmals am Tag von all deinen Partnern (Versicherern, Pools, VEMA etc.) abgeholt. Die Software bietet einen Upload für E-Mails, sodass du auch Dokumente aus deinem E-Mail-Postfach in den zentralen Posteingang bekommst. Und wichtig, die Software hat die notwendigen Schnittstellen, um alle Dokumente in den nächsten Schritt der automatisierten Verarbeitung zu leiten.

Abbildung 16: Prozessautomation Postabholung bei Versicherern und Pools bei Insurgo

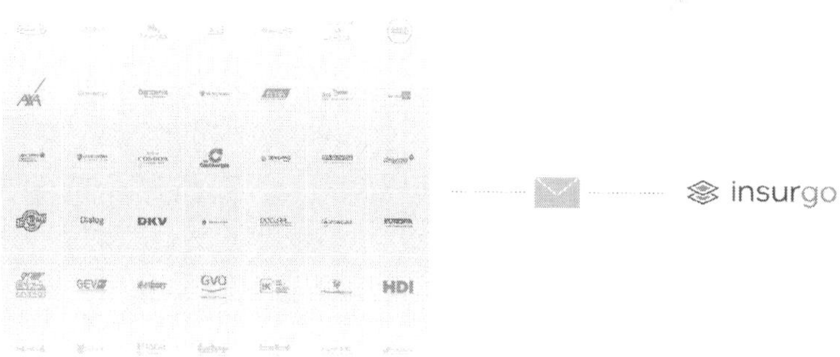

Dokumente nach Kategorien klassifizieren

Vorher
Dokumente werden teilweise oder ganz per Hand geprüft, um diese dann nach Dokumentenkategorie zu klassifizieren, z. B. Police, Beitragsrechnung, Kündigung, Schadeninfo etc. Dazu werden die Dokumente nach einem einheitlichen Schema umbenannt, auch das erneut in aufwändiger, personalintensiver Arbeit.

Nachher
Vollautomatisiert werden die Dokumente mittels KI klassifiziert und umbenannt. Auf Basis von Millionen Dokumenten erkennt die KI zuverlässig die Dokumentenkategorie aus über 40 Möglichkeiten. Die komplette händische Arbeit entfällt.

Abbildung 17: Automatisierte Dokumentenklassifizierung

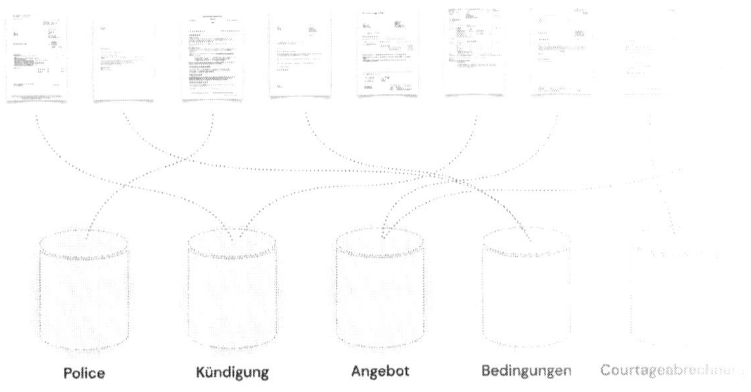

Datenpunkte aus Dokumenten extrahieren

Vorher

Jedes einzelne Dokument wird durch Personaleinsatz (Innendienst/Backoffice) geöffnet und bearbeitet. Informationen wie Kundenname, Vertragsnummer, Beitrag, Zahlweise, Ablauf etc. werden händisch in die jeweiligen Datenfelder des Maklerverwaltungsprogramms kopiert oder abgeschrieben. Es gibt kaum oder keine Automatisierung.

Nachher

Erneut kommt die KI zum Einsatz und übernimmt die Arbeit. Im Durchschnitt werden am Beispiel von Insurgo bei 95 Prozent der Dokumente die geforderten Daten wie Vorname, Nachname, Firmenname, Vertragsnummer, Gesellschaft, Datum, Beitrag, Zahlweise, Ablauf etc. automatisiert ausgelesen. Ein Qualitätsmanagement rundet den Service ab, sodass die KI ständig trainiert wird und der Nutzer (Makler) immer 100 Prozent Ergebnis bekommt.

Abbildung 18: Vollautomatisiertes Auslesen von Dokumenten bei Insurgo

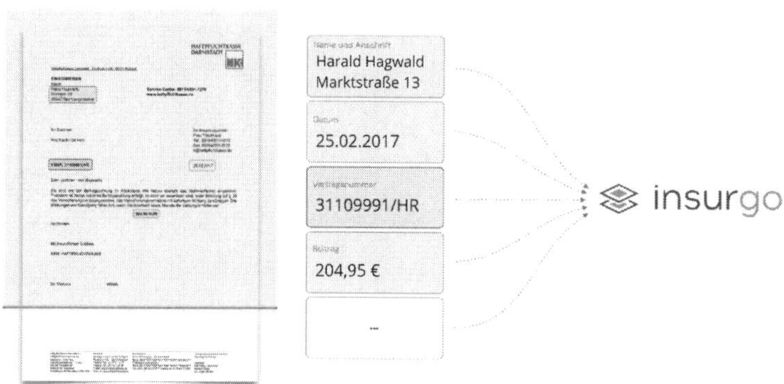

Dokumente umbenennen

Vorher

Basierend auf der manuellen Bearbeitung werden die Dokumente in diesem Schritt per Hand umbenannt, sodass eine bestimmte Einheitlichkeit gegeben ist. Aufgrund alter Darstellungsweisen im Maklerverwaltungsprogramm ist dies oftmals zwingend notwendig, weil die Dokumente sonst nicht mehr gefunden werden.

Nachher

Durch die vorherige Erkennung der Dokumentenkategorie und der extrahierten Kunden- und Vertragsdaten aus den Dokumenten erfolgt jetzt vollautomatisch die einheitliche Benennung der Dokumente (Dateinamen).

Beispiel:
NAME_VORNAME_VERTRAGSNUMMER_DOKUMENTENID.pdf

Dokumente zuordnen

Vorher

Per Hand werden Dokumente dem passenden Vertrag zugeordnet. Wenn es einen Vertrag noch nicht gibt, muss dieser komplett händisch neu angelegt werden.

Nachher

Automatisiert werden die Dokumente inklusive Datensatz (Beitrag, Zahlweise, Ablauf etc.) dem richtigen Vertrag zugeordnet.

Dabei werden auch unterschiedliche Schreibweisen der Vertragsnummern (Buchstaben, Bindestriche, Schrägstriche etc.) in ein einheitliches Format gebracht, sodass der hohe Automatisierungsgrad weiter anhält. Gibt es zum Dokument noch keinen Vertrag im System, kann dieser mit einem Klick angelegt werden und die Vertragsdaten werden automatisiert vorausgefüllt.

Vertragsdaten aktualisieren

Vorher

Vertragsdaten werden mühsam per Hand aktualisiert. Teilweise werden GDV-Daten genutzt, die oftmals einen schlechten oder sogar veralteten Vertragsstand liefern.

Nachher

Durch den per KI generierten Datensatz können die Kundenstamm- und Vertragsdaten über den gesamten Dokumenteneingang verlässlich aktualisiert werden. Und das unabhängig von der Datenqualität, die der Versicherer liefert. Im Übrigen ist es so, dass wenn ein Versicherer gute Vertragsdaten per BiPRO mitliefert, diese mit den per KI generierten Daten kombiniert werden.

Abbildung 19: Automatische Aktualisierung der Vertragsdaten bei Insurgo

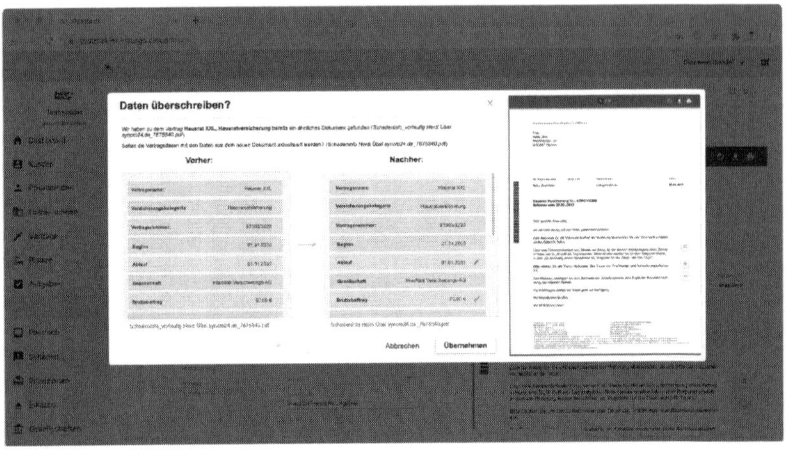

Hinweis: Bei diesem gesamten Prozess der Datenverarbeitung inklusive der Einbeziehung der Künstlichen Intelligenz, behältst du zu jedem Zeitpunkt die Kontrolle über alle Vorgänge und hast maximale Transparenz. Gleichzeitig reduzierst du durch die Automatisierung den Aufwand und die Kosten drastisch.

Auf die Schnittstellen kommt es an

Wie einfach du den Datenaustausch mit den Versicherern automatisieren kannst, hast du eben gesehen. Jetzt gibt es aber noch viele weitere Bereiche, in den Schnittstellen wichtig sind. Und damit meine ich nicht nur den Stand an Schnittstellen heute, sondern auch den nachweislichen Willen des Anbieters, weitere Schnittstellen zu entwickeln. Du weißt, bei Schnittstellen machen viele Programme zu, weil der

Anbieter bestimmte Interessen fördern möchte. Wichtig ist aber dein Interesse. Das lautet: möglichst viele Schnittstellen.

Vor allem werden Schnittstellen zu Tools wie Flixcheck, VEMA, Dropscan, Zapier oder auch Microsoft Outlook und Google Mail immer wichtiger.

Und dann gibt es noch die Möglichkeiten, dass der Anbieter dir eine eigene Programmierschnittstelle, häufig als API (Application Programming Interface) bezeichnet, zur Verfügung stellt. Damit kannst du jedes Tool selbst an dein Maklerverwaltungsprogramm anbinden.

Warum ich insurgo.cloud gründet habe

Mich selbst hat das Thema vor sechs Jahren so stark tangiert und nicht mehr losgelassen, dass ich 2016 die Entscheidung getroffen habe, mir eine eigene Lösung in Form eines cloud-basierten MVPs zu bauen. Eine Software, die unsere heutigen Anforderungen erfüllt, aber auch eine technologische Grundlage für die großen Entwicklungen der Zukunft ist. Und ganz wichtig: Ich wollte eine Software und ein Geschäftsmodell, das keinen Lock-in-Effekt verursacht. Denn eine gute Software muss die Unabhängigkeit der Makler ausnahmslos stärken.

Ich habe Insurgo damals als eigenständige Firma gegründet und mir dann für die Entwicklung ein Team aus Softwareentwicklern und Datenbankspezialisten aufgebaut. Es war von Beginn an klar, dass es ein langer Weg bis zur Marktreife wird. Dabei war es mir wichtig, Insurgo auf einen Funktionsstand zu bringen, der meine eigenen Bedürfnisse und die Bedürfnisse der Kollegen erfüllt.

Das ist uns gelungen und Insurgo ist unheimlich groß geworden und wächst kontinuierlich weiter.

Abbildung 20: Benutzeroberfläche Insurgo

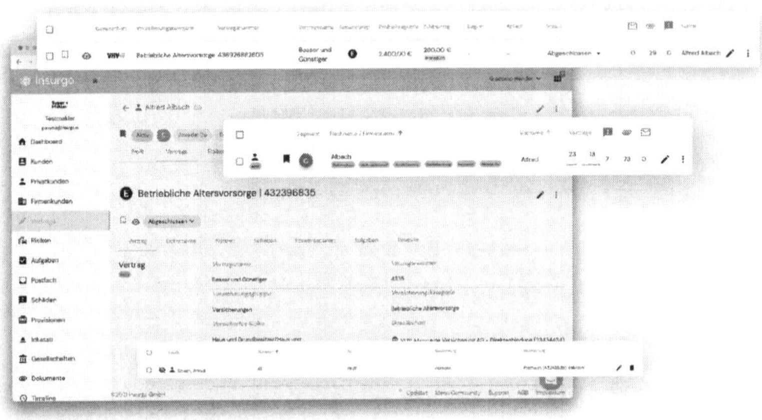

Mein Ziel ist es nach wie vor, alles was man irgendwie bei anderen Programmen vergeblich sucht, also an Funktionalität, Einfachheit und Tech-Stack (= modernste Technik, die sich weiter entwickelt), bei Insurgo einzubringen. Auch hier habe ich wieder festgestellt: Das perfekte Programm existiert nicht. Trotzdem ist die kontinuierliche Weiterentwicklung auf Basis meiner eigenen Erfahrungen und Kundenfeedback ein großer Faktor unseres Erfolgs. Wir planen immer wieder neue Features und Highlights und haben in den kommenden Monaten und Jahren unheimlich viel vor.

Kundenzugang per App und Web

Mit Insurgo haben wir ein modernes und zukunftsfähiges Fundament entwickelt, aufgrund dessen wir sehr schnell Weiterentwicklungen programmieren und launchen können. Wir haben das Thema Endkundenzugang mit einer genialen, nativen Kundenapp gelöst. Dabei sind wir nicht einfach hingegangen und haben eine billige Online-Portal-Lösung adaptiert, sondern wir haben eine intuitive, benutzerfreundliche App geschaffen, mit der du beispielsweise über die Chat-Funktion mit deinen Kunden DSGVO-konform kommunizieren kannst. Du kannst in der App Dokumente und Bilder teilen. Deine Kunden können dir direkt online Schäden melden. Du kannst wachsen, indem deine Kunden über eine Foto- und Scanfunktion neue Verträge hinzufügen. Es gibt ein Berechtigungssystem, sodass du auch Kunden mit Privat- und Gewerbeverträgen in mehreren Firmen über eine Berechtigungsstruktur abbilden kannst und vieles mehr

Abbildung 21: Screenshot Insurgo Kundenapp im Apple App Store

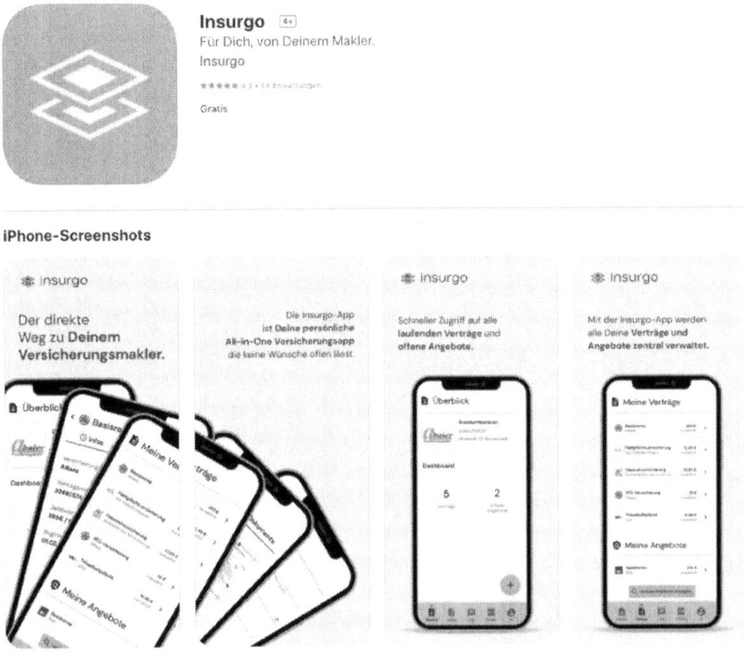

Wechsel zu Insurgo

Ein weiterer großer Baustein, der mir bei der Entwicklung von Insurgo unheimlich wichtig war, ist der einfache Wechsel vom Altsystem zu Insurgo. Auch hier haben wir uns in den letzten Jahren umfangreiche Erfahrungen erarbeitet und können Datenmigrationen für fast alle marktüblichen MVPs anbieten, z. B. AMS 4 und 5, IWM, InfoAgent, keasy, ab-Agenta und viele mehr. Ob 1.000 Kunden, 50.000 Verträge oder Millionen Dokumente – wir migrieren deine Bestandsdaten zu Insurgo. So ein Import, abhängig vom Umfang und der Qualität der Daten, dauert bei Insurgo vom Startschuss bis zur finalen Durchführung im Schnitt vier

Wochen. Gerade für unsere Kunden ist die reibungslose Datenmigration ohne große Einschränkungen und unsere weitreichende Erfahrung mit den verschiedenen Altsystemen einer der entscheidenden Faktoren für einen Wechsel bzw. die Einführung von Insurgo gewesen.

Wenn du jetzt neugierig geworden bist und gern selbst sehen willst, wie Insurgo funktioniert, welche Funktionen es gibt und wie unkompliziert ein MVP sein kann, dann melde dich bei meinem Team unter www.insurgo.de.

Alle Informationen zu Insurgo, meinem cloud-basierten Maklerverwaltungsprogramm, findest du hier:

https://links.yannick.digital/buch

Die MVP-Checkliste

Es ist gar nicht einfach herauszufinden, welcher Anbieter zu welchem Makler passt. In unzähligen durchgeführten Projekten mit Kunden, habe ich nahezu jedes Programm am Markt in der Tiefe kennengelernt – mit all seinen Stärken und Schwächen. Diese Erfahrungen habe ich in meine umfangreiche MVP-Checklisten einfließen lassen, welche ich dir zum Download anbiete. Dabei bin ich nicht nur auf die Funktionen eingegangen, sondern habe auch wichtige Anforderungen an Technologie und Innovation berücksichtigt.

Es ist unheimlich wichtig, bei der Entwicklung der Anforderungen nicht zu stark die Funktionen der Vergangenheit als Ziel zu nehmen. Die neuen Möglichkeiten, die uns die Digitalisierung bietet, bleiben dabei zu stark außen vor. Dazu werden völlig überholte Arbeitsweisen als Grundlage herangezogen und es kommen zwei wesentliche Punkte zu kurz:

1. Ab dem Zeitpunkt, wo du in einem neuen innovativen Programm arbeitest, werden sich auch die Arbeitsweisen und damit die Anforderung an das neue Programm ändern. Wenn du früher über einen Briefgenerator (Word oder PDF) Bestandsübertragungen erstellt hast und diese Funktion suchst, dann wirst du nicht fündig. Denn schließlich läuft sowas mit einem Klick vollkommen automatisiert von der E-Mail mit Vollmacht als Anlage, über die Wiedervorlage bis zur Erinnerung.

2. Neben allen Funktionen ist die technische Basis einer der entscheidendsten Innovationsfaktoren. Basiert die Software auf einer 20 Jahre alten Programmierumgebung und Datenbank oder ist ein modernes Tech-Stack die Grundlage? Es ist also einer der entscheidenden Punkte, ob die Software Innovation ermöglicht oder eben nicht.

Meine umfangreiche MVP-Checkliste kannst du dir hier herunterladen:

https://links.yannick.digital/buch

Vom Kundenservice zum Kundenerlebnis

Jeder von uns lebt von seinen Kunden und es ergibt keinen Unterschied, ob man sich im Büro von Angesicht zu Angesicht gegenübersitzt oder Abschlüsse über ein Webmeeting vermittelt. Stets zählen die gleichen Tugenden wie Höflichkeit, Servicebereitschaft und Attraktivität der Produkte. Gerade im Versicherungsbereich spielen darüber hinaus Vertrauen und Zuverlässigkeit eine wichtige Rolle. Obwohl sich auf diesen Gebieten in Zukunft wenig ändern dürfte, musst du dich als Makler oder Vermittler an den gesellschaftlichen Wandel und die fortschreitende Digitalisierung anpassen und sie zu deinem Vorteil nutzen. Die genannten Stärken braucht es eben auch digital! Auf allen Kanälen geht es darum, mit einem attraktiven Angebot zu überzeugen. Die entscheidenden Faktoren, die für Attraktivität sorgen, befinden sich meiner Meinung nach jedoch in einem tiefgreifenden Wandel. Deshalb solltest du dafür sorgen, dass die Ansprache deiner Kunden mit der Zeit geht. Ich denke:

Das Thema Kundenservice wird sich komplett verändern.

Vielleicht hast du diese Aussage auch schon bei anderer Gelegenheit gehört und winkst ab. Ich stelle sie trotzdem heraus, weil sie meiner Erfahrung nach oftmals als Lippenbekenntnis daherkommt. Denn vor lauter technischen Möglichkeiten bleiben die erwähnten Tugenden auf der Strecke und online fallen bisher erfolgreiche Servicestandards weg. Denk daran, wie nervtötend die Service-Hotlines vieler

Anbieter sind. Wo man früher mit einem Menschen vor Ort Fragen klären konnte, wird man heute durch automatisierte Abfragen geleitet und landet oftmals im Nichts. Ich bin jedoch davon überzeugt, dass wir uns derartige Praktiken nicht leisten können. Denn irgendeiner macht es in Zukunft besser und wer trotzdem auf Rezepte von gestern setzt oder den Bedarf ignoriert, ist raus. Deshalb müssen wir die technischen Möglichkeiten im Kundenservice eng mit den beschriebenen Werten verbinden. Es kommt darauf an, das Leben unserer Kunden – und unser eigenes selbstverständlich auch – durch digitale Angebote zu ergänzen und zu vereinfachen. Hier kann niemand zurückstehen, denn nutzerfreundliche, digitale Angebote sind in unserer Welt längst Standard. Menschen haben sich daran gewöhnt und erwarten sie von dir als Makler oder Vermittler. Und diese Standards kannst du leichter umsetzen denn je, denn zum Beispiel durch Vorlagen, strukturierte Prozesse oder feste Reaktionszeiten sorgst du für klare, interne Abläufe und gewährleistest die bestmögliche Servicequalität.

Das Kundenerlebnis schafft Kundenbindung

Mit einem klaren Fokus auf nutzerfreundliche und digitale Angebote stärkst du die Kundenbindung. Und auf diese kommt es mehr denn je an, denn Mehrgeschäft mit Bestandskunden kommt deutlich günstiger als die Gewinnung von Neukunden. Und mit der richtigen Vorgehensweise kannst du deine Bestandskundenbasis ausbauen und gleichzeitig neue Kunden aufbauen. Meiner Meinung nach muss daher die gesamte Versicherungsbranche ihre

Serviceorientierung weiterentwickeln, um auch in Zukunft erfolgreich Kunden binden zu können. Und der Schlüssel zum Kundenerlebnis heißt zweifellos gute Dienstleistung. Deine Wettbewerbsfähigkeit hängt jedoch von den Werkzeugen und Strategien ab, mit denen du dieses Ziel verfolgst. Gerade in der heutigen Zeit bemisst sich eine gute Dienstleistung mehr denn je an den Faktoren Erreichbarkeit *und* Geschwindigkeit. Diese musst du nicht nur am Telefon gewährleisten, sondern ebenso per E-Mail, Chat oder Messenger. Zum Beispiel kann ein Self-Service-Angebot auf deiner Webseite die Erreichbarkeit außerhalb deiner Öffnungszeiten sicherstellen – und das ganz ohne eigenes Mitwirken.

Meine Erfahrung zeigt, dass die Kunden heute einen starken und modernen Partner voraussetzen. Privatkunden wollen schnell und einfach bedient werden und Gewerbekunden erwarten digitalisierte Prozesse, die ihnen die Arbeit erleichtern. Diesen Ansprüchen muss die Versicherungsbranche im Allgemeinen genügen sowie jeder einzelne Makler und Vermittler im Speziellen. Schlanke Prozesse und eine einfache Abwicklung ohne Papierschlacht wünschen sich unsere Kunden in jeder Beziehung. Sei es bei der ersten Terminbuchung über die Webseite, bei der Unterschrift unter einem Vertrag oder beim Ausfüllen eines Formulars – der elektronische Weg spart Aufwand und Zeit auf beiden Seiten. Es kommt darauf an, dass du die Probleme deiner Kunden so einfach wie möglich löst. Und dabei solltest du besser sein als die Mitbewerber! Denn durch Top-Qualität sorgst du für eine echte Kundenbindung, schließlich wäre es woanders vermutlich schlechter. Niemand wechselt, wenn er beim Wettbewerb elementare Nachteile in Kauf nehmen müsste.

Erleichtert wird diese Kundenbindung durch den umfassenden Wandel im Softwarebereich und die Digitalisierung. Denn diese beiden Faktoren verbessern nicht nur die interne Arbeit im Makler- oder Vermittlerbüro. Mit ihren, speziell auf deine Belange hin optimierten Prozessen und Lösungen erlauben sie zugleich eine ganzheitliche Hinwendung zu den Kunden. Wenn dein Softwareanbieter zum Beispiel eine vollständig digitale Dokumentenverarbeitung ermöglicht, solltest du von den Kunden nicht weiterhin die Unterschrift per Papier verlangen und danach das Häkchen im Programm setzen. Kundenzentrierung heißt also auch, die Digitalisierung voranzutreiben. Setze auf Lösungen, die deine Abläufe vereinfachen und damit die Voraussetzungen dafür schaffen, um im Außenverhältnis schlanke Prozesse zu bieten. Mit ihrer Hilfe kannst du zum Beispiel auf Knopfdruck erkennen, ob der jeweilige Kunde optimal abgesichert ist.

Mit Hilfe einer gut organisierten Datenbasis und den passenden Schnittstellen kann dein Kunde etwa per App oder Webseite direkt auf seine Verträge und Dokumente zugreifen. Diese Zugriffsmöglichkeit ergibt jedoch nur Sinn, wenn die Daten jederzeit aktuell sind. Sonst ruft der Kunde beispielsweise Informationen zu seiner Haftpflichtversicherung ab, findet dort aber die Beitragsangaben von vor drei Jahren. Das wäre kein guter Kundenservice – zumal die Menschen heute daran gewöhnt sind, online stets aktuell informiert zu werden. Doch egal um welchen Bereich der Zusammenarbeit es geht: Kundenzentriert arbeiten heißt, je nach Geschäftsmodell und Zielgruppe die optimalen Angebote zu machen. Und darauf aufbauend solltest du die internen Prozesse gestalten.

Nimmst du die Wünsche deiner Kunden als Richtschnur, erhältst du damit Leitlinien für die Organisation des Büros.

Du musst die Erwartungen deiner Kunden erfüllen

Die Kunden erwarten von ihrem Versicherungspartner, dass sie zum Beispiel Schäden problemlos online melden können. Außerdem lässt sich beobachten, dass die Menschen neue Maßstäbe anlegen und eine zeitgemäße Nutzererfahrung wünschen. Und diese Veränderung gilt für Privat- wie Geschäftskunden gleichermaßen. Im gewerblichen Bereich ist der Druck sogar noch größer, denn viele Unternehmen befinden sich derzeit selbst in einer umfassenden Digitalisierung – sie erwarten die technischen Möglichkeiten von ihren Partnern geradezu. Deine zunächst intern eingeführten elektronischen Prozesse werden damit zum Bestandteil der Geschäftsprozesse deiner gewerblichen Kunden. Fazit: Du kommst nicht umhin, "alte" Servicestandards mit neuen Technologien und Prozessen zu verbinden. Wo du selbstverständlich am Telefon gleich Auskunft geben kannst, sollte sich diese Nutzererfahrung auch auf digitale Angebote erstrecken.

Ein Beispiel dafür bietet die Schadenmeldung. Wer eine große Fahrzeugflotte versichert, kommt zwangsläufig immer wieder mit dem Schadenmanagement seines Versicherers bzw. seines Vermittlers in Berührung. Du unterstützt mit den entsprechenden Angeboten also deine Kunden bei der Digitalisierung und bescherst ihnen Effizienzgewinne. Zudem festigst du die Kundenbindung. Deshalb lehne ich mich sicher nicht zu weit aus dem Fenster, wenn ich voraussage, dass viele Prozesse in Zukunft vollautomatisch über Schnittstellen ablaufen werden. Der Umkehrschluss dieser Feststellung: Wer die richtigen Werkzeuge nicht bietet, belastet sich perspektivisch mit massiven Wettbewerbsnachteilen. Meine Erfahrung zeigt jedoch, dass sich trotzdem viele Makler und Vermittler mit der Einführung solcher digitalen Angebote schwer tun. Die Hemmschwelle sinkt, wenn die bereits erläuterte, schrittweise Taktik zum Einsatz kommt. Vielleicht stellt die Schadenmeldung für Gewerbekunden ja genau den Prozess dar, mit dem du gezielt einsteigen kannst.

Auf den richtigen Kanal setzen

Deine langjährige Kundin Frau Schmidt ist mit 73 Jahren nicht mehr online unterwegs und muss dich deshalb telefonisch erreichen können. Das persönliche Jahresgespräch bei ihr zu Hause gibt ihr Sicherheit und sie fühlt sich hervorragend betreut. Dr. Meier ist dagegen Mitte dreißig, als Arzt im Dauerstress und hat prinzipiell keine Zeit. Er muss dir zwischen den Behandlungen sein Anliegen als Sprachnachricht schnell auf WhatsApp schicken können. Dein Gewerbekunde Hoch- & Tiefbau GmbH, meldet regelmäßig Schäden und bevorzugt das entsprechende Online-Schadenformular. Drei Kunden mit komplett unterschiedlichen Bedürfnissen.

Effiziente Kommunikation

Einen überzeugenden Service kannst du nur anbieten, wenn du die Wünsche und die Rahmenbedingungen deiner Kunden kennst – was wollen sie und in welcher Situation befinden sie sich? Deshalb ist es wichtig zuzuhören. Antworten erhalten wir meiner Erfahrung nach nur dann, wenn schnelle und einfache Kommunikationswege existieren. Und dabei handelt es sich vor allem um solche, die sich Kunden wünschen und die sie als angenehm empfinden. Das Gute daran: Diese Kommunikationswege sind gut für dein Geschäft, weil sie die Kunden zur Interaktion animieren. Zudem sollte ihre Anwendung keine Schwierigkeiten bereiten, denn in der Regel sind das die sowieso vorherrschenden Trends. Denke zum Beispiel an Facebook, WhatsApp, LinkedIn, Instagram oder deine eigene Kundenapp. Selbstverständlich werden Telefon und E-Mail weiterhin eine wichtige Rolle spielen. Was im konkreten Augenblick sinnvoll ist, hängt von der jeweiligen Zielgruppe ab. Zum Beispiel unterscheiden sich die Kommunikationswege oftmals zwischen Bestandskunden und Neukunden.

Dazu kommen Kommunikationswege wie das Online-Meeting oder regelmäßige E-Mail-Newsletter mit Neuerungen. Im gewerblichen Bereich ergibt es meistens Sinn, Business-Plattformen wie LinkedIn als Kanal zu nutzen. Oder verbinde dein E-Mail- mit Videomarketing. Schließlich kannst du im Handumdrehen schöne Videos produzieren. Zwei oder drei Minuten Film reichen aus, um eine persönliche Botschaft zu übermitteln und damit echte Nähe zu deinen Kunden zu erzeugen. Dabei handelt es sich zwar nur um Kleinigkeiten, meiner Erfahrung nach werden sie jedoch ausgesprochen positiv aufgenommen und gerade eine effiziente Kommunikation hebt dich vom Wettbewerb ab. So differenzierst du dich spielend leicht und sorgst für Alleinstellungsmerkmale. Denn guter Service, schnelle Erreichbarkeit, Vertrauen und Verlässlichkeit haben schon immer funktioniert und sie funktionieren auch in Zeiten der Digitalisierung. Letztlich machen sie dich besser als deine Mitbewerber. Und darauf kommt es an.

Setz dich auf dem Smartphone fest

Wie häufig schaust du auf dein Smartphone? Ziemlich häufig und damit bist du in guter Gesellschaft der meisten Menschen. Das Handy ist immer dabei, egal wohin wir gehen. Deine Kunden unterscheiden sich garantiert nicht in dieser Beziehung und auch sie scrollen täglich hunderte von Metern. Ob in sozialen Netzwerken, E-Mail-Programmen, anderen Apps oder auf Webseiten: Den ganzen Tag lang wird agiert und vor allem konsumiert. Diese Tatsache solltest du dir als Makler oder Vermittler zunutze machen. Frage dich also, wie du auf diesen vielen hundert Metern Scrolling so oft wie möglich und vor allem zum richtigen Zeitpunkt auf dem Smartphone deiner Kunden auftauchst. Bring dich dann in Erinnerung, wenn es um Absicherung, Vermögen oder alle Fragen rund um die Unterstützung deiner Zielgruppen geht.

Dabei solltest du einen zentralen Fehler vermeiden: Tappe nicht selbst in die Falle des Dauerkonsumierens. Stecke also selbst wenig Zeit in Surfen, Folgen, Teilen und so weiter. Denn fast alle Aktivitäten auf Handy oder Computer sind im Grunde Zeitverschwendung, sie generieren kein Einkommen. Verbringe nur ein paar Minuten in sozialen Netzwerken und anderen Angeboten. Egal was du dort tust, du bleibst in der

Regel Konsument – wie alle anderen auch. Diese Tatsache verschafft dir jedoch gleichzeitig eine Riesenchance. Wenn sich die Menschen derart von ihren Smartphones in den Bann ziehen lassen und andauernd konsumieren, kannst du sie dort abholen. Dies ist möglich, indem du dich richtig präsentierst. Konsumiere nicht, sondern veröffentliche selbst Inhalte mit einem hohen Nutzwert. Du profitierst vom Dauerkonsum der Kunden, indem du dein Angebot zu etwas machst, das konsumiert wird.

Stell dir vor, ein Teil deiner 1.000 Kunden folgt dir auf einer Plattform. Bei diesen zeigst du ständig Präsenz, etablierst dich als Ansprechpartner und lädst letztlich zur Interaktion ein. Denk bitte daran, echte Einblicke zu bieten – es handelt sich schließlich um *soziale* Netzwerke. So steigerst du Schritt für Schritt deine Reichweite. Und wenn du die persönlichen mit fachlichen Informationen abrundest, signalisierst du Kompetenz als Makler oder Vermittler. Dadurch schaffst du eine starke Bindung und deine Kunden nehmen dich als Experte zum Thema Versicherungen wahr. Haben sie ein Anliegen, wenden sie sich höchstwahrscheinlich eher an dich, als ihre Frage zu googeln und dann von einer großen Menge an Versicherungskauderwelsch erschlagen zu werden. So wirst du zum fachlichen Ansprechpartner. Dieser Ruf spricht sich zudem herum, deine Kunden werden positive Erfahrungen garantiert weitergeben. Dieses Prinzip nutzen viele Unternehmen übrigens sehr konsequent, indem sie Experten gezielt aufbauen.

Nutze Messenger

Messenger begegnen uns heute an jeder Ecke. Der bekannteste ist sicher WhatsApp, doch auch die meisten anderen Plattformen der verbreiteten Anbieter bieten Messenger-Funktionen. Egal ob LinkedIn, Facebook, Instagram oder Google My Business, jede Plattform verfügt über ihren eigenen Messenger-Dienst. Dazu werden in Zukunft garantiert neue kommen, die wir heute noch gar nicht kennen. In den letzten Jahren haben sich Messenger zu einer starken Alternative für E-Mail oder andere Kommunikationskanäle entwickelt, in vielen Situationen wurden bestehende Kanäle sogar so gut wie abgelöst. Deshalb schreiben Freunde heute kaum noch untereinander E-Mails. Dagegen sind Dienste wie WhatsApp immer in Betrieb, viele Menschen schauen im Minutentakt auf ihr Handy. Es ist daher wichtig, dieser veränderten Kommunikation Rechnung zu tragen und deine Kunden auf deren bevorzugten Kanälen zu treffen.

Allerdings solltest du angesichts der Vielfalt an Messenger-Diensten überlegen, was zu deinem Geschäftsmodell und zu deiner Zielgruppe passt. Eine Faustregel heißt sicher, dass Privatkunden eher WhatsApp bevorzugen. Analysiere daher, wie sich deine Kunden bestmöglich erreichen lassen. Denn es ergibt wenig Sinn, alle verfügbaren Messenger bespielen zu wollen. Erstens nutzen auch deine Kunden meist nur eine kleine Auswahl und zweitens ist der Aufwand kaum zu stemmen – selbst für größere Büros. Hast du die richtigen Dienste gefunden, sorgst du damit jedoch für eine deutliche Verbesserung der Kommunikation. Du erreichst die Leute auf ihre bevorzugte Weise und beschleunigst das

Ganze gleichzeitig. Ich habe die Erfahrung gemacht, dass die Reaktion auf E-Mails viel länger auf sich warten lässt als auf eine Chatnachricht.

Der Aufwand für die professionelle Nutzung von Messenger-Diensten lässt sich mit Hilfe von Tools reduzieren und gleichzeitig verbessern sich die Ergebnisse. So existieren Softwarelösungen, mit denen du unterschiedliche Messenger in einer Software zusammenfassen kannst. Meine Erfahrung zeigt zudem, dass du rigoros zwischen deiner privaten und geschäftlichen Kommunikation trennen solltest.

Es ergibt wenig Sinn, deine Kundenanfragen abends auf dem Sofa über dein Smartphone beantworten zu wollen. Das mag dir zwar in diesem Moment Pluspunkte verschaffen, gleichzeitig erzeugst du damit jedoch eine unerfüllbare Erwartungshaltung. Außerdem belasten derartige Aktionen auf Dauer dein Privatleben. Trenne zwischen Geschäft und deinen privaten Aktivitäten. Wenn du schon in die Falle der Dauererreichbarkeit getappt bist, kommst du durch klare Spielregeln wieder heraus. Kommuniziere mit deinen Kunden klar, wann du für sie da bist und wann Feierabend ist. Biete auch bei den Messengern ein Servicelevel. Lege von vorneherein fest, dass du bzw. dein Team zum Beispiel unter der Woche innerhalb von 24 Stunden antwortest. Derartige Regeln beugen Unzufriedenheit vor und schaffen Klarheit.

WhatsApp, ob du willst oder nicht.

Fast jeder Handynutzer kommuniziert via WhatsApp und diese enorme Verbreitung bildet den Hauptgrund, weshalb dieser Messenger auch im Makler- und Vermittleralltag eine wichtige Rolle spielt. Du erreichst deine Kunden damit sehr gut, sie mögen diesen Kanal schlicht und einfach. Egal ob es sich um Texte, Bilder oder Videos handelt, in der Regel kommt die Antwort unverzüglich. Damit sind ideale Voraussetzungen für eine reibungslose Kommunikation gegeben. Andererseits existieren jedoch Fragen in puncto Datenschutz und niemand sollte die damit verbundenen Herausforderungen ignorieren. Aus meiner Erfahrung helfen einige Kniffe dabei, WhatsApp zu nutzen und gleichzeitig rechtlich weitgehend sicher zu sein.

1. Du kannst WhatsApp auf einem separaten Handy nutzen. Ist darauf kein Adressbuch vorhanden, umgehst du das Datenschutzproblem. Denn ohne Adressbuch kann es auch nicht auf die Server hochgeladen werden.
2. WhatsApp lässt sich zudem mit einer Festnetznummer nutzen. Damit erreichst du eine Trennung zu deinen privaten Chats.
3. WhatsApp Business ist auf gewerbliche Nutzung zugeschnitten und bietet diverse Vorteile.
4. Integriere WhatsApp in deine Datenschutzvereinbarung und kläre von vornherein, dass der Kunde mit der Kommunikation über diesen Messenger und den damit verbundenen Rahmenbedingungen einverstanden ist.
5. Nutze Textvorlagen und Bausteine.
6. Übermittle deinen Kunden beim Erstkontakt eine Nachricht, die explizit auf die datenschutzrechtlichen Implikationen und auch auf deine Datenschutzrichtlinie hinweist. Bei WhatsApp Business geht das sogar automatisch.

Es gibt also Möglichkeiten für eine Nutzung von WhatsApp im professionellen Umfeld, datenschutzrechtliche Bedenken kannst du weitestgehend lösen. Willst du komplett auf der sicheren Seite stehen, solltest du dir andere Kommunikationswege suchen. Auch hier gilt wie so oft eine betriebswirtschaftliche Abwägung zwischen Chancen und Risiken sowie Aufwand und Nutzen. Unabhängigkeit von den großen Anbietern erreichst du, wenn du eine eigene Messenger-Funktion beispielsweise in eine Kundenapp integrierst. Diese sollte in Sachen Nutzerfreundlichkeit und Funktionalität jedoch mit WhatsApp mithalten können, dann sind Kunden gerne bereit, über deine App mit dir zu kommunizieren.

Die Kundenapp

Ganz abgesehen von der Möglichkeit, einen Messenger zu integrieren, werden Kundenapps zukünftig immer mehr Funktionen und Möglichkeiten bieten, darum solltest du jetzt den Grundstein legen. Noch ist die Konkurrenz überschaubar, du findest daher eine gute Startposition. Falls du am Sinn zweifelst, dann frag dich ganz ehrlich selbst: Kannst du dir ein Leben ohne Apps überhaupt vorstellen? Sicher nicht und deinen Kunden geht es genauso. Deshalb kann dich deine App dauerhaft auf das Smartphone deiner Kunden bringen und einen direkten Draht schaffen. Bist du einmal dort und bietest einen klaren Mehrwert, kann dir keiner mehr den Rang beim Kunden ablaufen. Meiner Meinung nach ist diese Aufgabe nicht einmal besonders schwer. Denn die Leute haben zwar viele Apps auf ihrem Handy, aber für den wichtigen Bereich Versicherungen fehlen sie meist. Diese Lücke ist deine Chance, nutze sie! Ohnehin dürften diese Angebote immer mehr zu einem entscheidenden Servicefaktor werden. Hier hat sich eine Erwartungshaltung herausgebildet, die du nicht ignorieren solltest. Nimm dir WhatsApp oder YouTube zum Vorbild und arbeite darauf hin, dass deine Kunden deine App auch wirklich haben und nutzen wollen. Ein Geheimnis dahinter heißt Nutzerfreundlichkeit und so haben die erfolgreichsten Apps eines gemeinsam: Sie bieten uns die Möglichkeit, alltägliche Hürden besser zu meistern, sie erleichtern die Kommunikation oder geben uns Zugang zu wichtigen Informationen – einfach und von überall.

Abbildung 22: Die Kundenapp hilft immer!

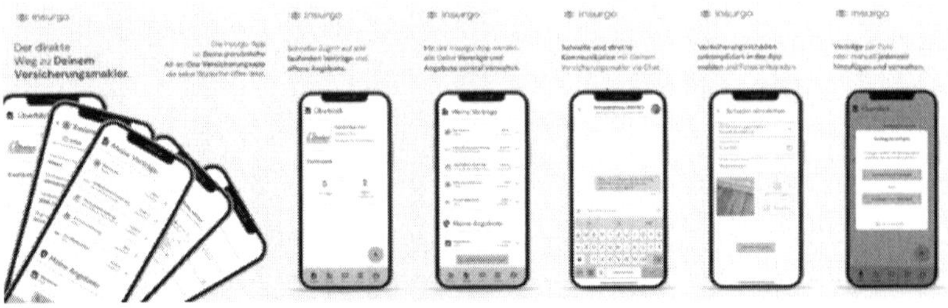

Top-Service für deine Kunden

Bei einer Kundenapp geht es nicht in erster Linie um dich! Ihr Hauptzweck heißt, das Leben deiner Kunden zu erleichtern. Deshalb muss sie sich intuitiv bedienen lassen, eine moderne und gut strukturierte Bedienoberfläche besitzen und alle relevanten Details, Dokumente und Funktionen beinhalten. Eine gute Kundenapp wird immer mehr zum Servicefaktor und braucht daher einige Kernfunktionen, die Insurgo-App kann hier als Beispiel dienen:

1. Übersicht über die bestehenden Verträge
2. Einreichung neuer Dokumente und Änderung von Daten
3. Angebote einsehen und annehmen
4. Chat-Funktion für den Kontakt zwischen Kunden und Vermittler
5. Unkomplizierte Schadenmeldung rund um die Uhr

Eine App verfügt über den großen Vorteil, dass sie Funktionen bündelt und keine Services von Drittanbietern mehr ins Spiel kommen. Zudem macht die App zum Beispiel das aufwändige Verschicken von Angeboten per E-Mail oder Post überflüssig.

Oder denk an die Anhänge an einer herkömmlichen Schadenmeldung per E-Mail. Per App kann sie der Kunde einfach in dein Portal übermitteln. Sinnvoll ist beispielsweise ein Weg, auf dem sich Fotos machen und hochladen lassen. Wichtig ist außerdem eine Funktion, um *Verträge hinzuzufügen.* Befindet sich etwas nicht in deinem System, kann es der Kunde eigenständig hochladen. Dazu gibt es Foto-Funktionen, mit denen Policen per Bild hinzugefügt werden. Diese kannst du gegebenenfalls in deinen Bestand übertragen oder umdecken. Damit verschaffst du dir die Möglichkeit, Kunden zu kontaktieren und den Bestand auszubauen. Mit der App kommt der Kunde in den Genuss einfacher Abläufe und du hast den Vorteil, dass alle Daten automatisch an die richtige Stelle in deinem Kundenverwaltungssystem gelangen.

Einfachere Abläufe für dich

Solch eine App bietet noch mehr Vorteile für dich und dein Unternehmen. Zunächst einmal hat sich gezeigt, dass die Reaktionszeiten deutlich abnehmen. Die Kunden entscheiden schneller und unterzeichnen damit auch Verträge schneller als zuvor. Dein Vertrieb profitiert daher ungemein. Außerdem kannst du Verträge einfach verwalten, neue Angebote direkt an Kunden senden, bequem per Chat kommunizieren, anstatt Telefon oder E-Mail nutzen zu müssen. Ebenso lassen sich damit Schadenmeldungen anfordern, die Daten sind bereits im System angelegt, du musst nur noch kontrollieren und vielleicht Punkte ergänzen. Zudem kannst du Schäden einfach verwalten. Derartige Services stärken die Kundenbindung und damit besteht die Chance, den Umsatz zu steigern.

Bevor du Bedenken in Bezug auf die Technik bekommst: Du als Makler entscheidest, welche Verträge und Daten dein Kunde zu sehen bekommt. Die Kontrolle über deine Services bleibt bei dir.

Eine Kundenapp kann allen Kundengruppen Vorteile bieten. So werden Privatkunden eher ihr Informationsbedürfnis stillen, etwa wenn sie Daten für die Steuererklärung brauchen und die Bescheinigung ganz einfach am Sonntag vom Sofa aus herunterladen können. Bei Gewerbekunden dürfte dagegen die erhöhte Schadenfrequenz eine wichtige Rolle spielen, eine App kann zudem Transparenz über die Vielzahl an Verträgen bieten. In beiden Fällen erleichtert eine App das Leben deiner Kunden und sie steigert Kundenzufriedenheit und -bindung. Deshalb solltest du den Nutzen immer im Auge behalten, wenn du einen der Anbieter der verschiedenen Serviceapps im Bereich Versicherungen auswählen willst. Fehlt der Nutzen und lassen Funktionalitäten sowie Bedienoberfläche die modernen Standards vermissen, dann werden deine Kunden die App auch nicht nutzen und sie ist pure Geldverschwendung.

Achtung bei der App Auswahl

Folgende wichtige Punkte möchte ich nicht unerwähnt lassen. Die App muss zwingend eng mit deiner Maklerverwaltungs-software verbunden sein, damit du keine doppelte Datenpflege hast. Typischerweise kommt die Kundenverwaltungssoftware und die Kundenapp aus einer Hand.

Zu einem guten Nutzererlebnis gehört es auch, dass du eine sogenannte native App anbietest. Also eine App, die dein

Kunde aus dem Apple App Store oder Google Play Store herunterlädt und installiert. Nur dann kann die App die Möglichkeiten des Smartphones nutzen und wertvolle Funktionen wie einen Chat mit Push-Nachrichten bieten. Für die Bedienung am Computer solltest du selbstverständlich eine Web-App bieten können, weil gerade das für Gewerbekunden der bevorzugte Weg ist. Ein guter Anbieter bietet dir immer beides.

Du siehst also, der Erfolg hängt oftmals an grundlegenden Details. Bei der Suche wirst du feststellen, dass der Markt hier noch weit hinterherhängt.

Marketing

Marketing heißt aus unternehmerischer Sicht, potenzielle und bestehende Kunden auf die eigenen Produkte und Dienstleistungen aufmerksam zu machen. Es geht also um die Sichtbarkeit des eigenen Unternehmens – und davon hängt im Zeitalter der digitalen Medien noch mehr ab als bisher. Denn wer weniger präsent ist als seine Wettbewerber, gerät ins Hintertreffen. Ein lokaler Bonus oder Traditionen zählen immer weniger, attraktive Konkurrenzangebote kommen aus jeder Ecke und zu jeder Zeit. Die Wahrnehmung hat sich verändert und aus diesem Grund musst du online sichtbar sein. Hole deine Kunden dort ab, wo sie sich befinden, und nutze die Kanäle und Marketingformen, die deine Zielgruppe bevorzugt. Das Gute an dieser Aufgabe: Maklern und Vermittlern stehen bessere Marketingtools zur Verfügung als jemals zuvor, sie müssen sie nur nutzen.

Nimmst du diese Themen jetzt in Angriff, wirst du in Zukunft einfacher Neukunden gewinnen und Bestandskunden binden. Meiner Meinung nach erhältst du einen klaren Vorsprung, weil viele Mitbewerber bei diesen wichtigen Themen schlafen und den Anschluss verpassen. Mit einer entsprechenden Strategie zeigst du Präsenz und stärkst damit das Vertrauen deiner Kunden. Dazu kommen deine Chancen aus den in den vorangegangenen Kapiteln beschriebenen Veränderungen von Kundenanforderungen, Arbeitsprozessen und Technologien. Wenn du die Digitalisierung richtig anpackst, leistet sie auch einen Beitrag zum Marketing – und zwar einen ausgesprochen positiven!

Daher lassen sich die derzeitigen Chancen aus meiner Sicht mit einem knappen Satz zusammenfassen:

Kunden zu gewinnen war noch nie einfacher als heute!

Neben den bekannten Möglichkeiten des klassischen Marketings stehen dir die enormen Chancen des Onlinemarketings zur Verfügung. Und auch in diesem Bereich zeigt sich wieder, warum du die Digitalisierung entschlossen angehen solltest, denn Erfolg beim Onlinemarketing beruht auf Daten und ihrer intelligenten Nutzung. So kannst du potenzielle Kunden genau identifizieren und zielgerichtet ansprechen. Die bis vor einigen Jahren noch sehr hohen Streuverluste bei Zeitungsanzeigen, Plakaten oder Radiospots sind weitgehend passé. Du erreichst exakt diejenigen Personen mit deiner Werbebotschaft, die sich in deinem Fokus befinden.

Das beste Marketing ist eine starke Dienstleistung

Kunden zu gewinnen und zu halten beginnt nicht erst mit einer überzeugenden Ansprache durch die richtigen Werbebotschaften. Aus meiner Sicht bildet das Produkt den Kern eines erfolgreichen Marketings, alles steht und fällt mit der Qualität deiner Dienstleistungen und Services – die selbstverständlich auf deine Zielgruppen zugeschnitten sein müssen. Kurz gesagt: Beeindrucke deine Kunden mit einer super Leistung und sie brauchen keine Hochglanzbroschüren. Wer auf einem guten und zielgruppengerechten Produkt aufbauen kann, wird mit den zusätzlichen Möglichkeiten des Marketings einen wirksamen Hebel finden, um noch erfolgreicher zu sein. Wer dagegen nur unterdurchschnittliche Dienstleistungen anbietet, muss sich nach außen hin deutlich mehr anstrengen. So ist eine starke Dienstleistung das beste Marketing für dein Unternehmen.

Ein Praxistipp von mir in diesem Zusammenhang heißt, Lösungen nicht am grünen Tisch zu konzipieren. Als Makler und Vermittler arbeitest du eng mit den Menschen zusammen, nutze diese Chance! Ich spreche schon am Beginn der Entwicklung neuer Produkte und Services mit meinen Kunden und ebenso, wenn es um Veränderungen bestehender Projekte geht. Das gilt übrigens für alle Phasen im Produktlebenszyklus, von der Konzeption über den Vertrieb bis hin zur Kundenbetreuung beziehe ich meine Kunden mit ein. Bei allen Gesprächen erhalte ich wertvolle Hinweise und kann meine Dienstleistungen sehr viel zielgerichteter gestalten. Und selbstverständlich funktioniert dieses Prinzip auch beim Marketing, es lässt sich durch Rückmeldungen optimieren. So kannst du beispielsweise herausfinden, welche E-Mail- Frequenz bei deiner Zielgruppe am besten ankommt, ob bestimmte Produktmerkmale optimiert werden müssen oder welche Features in der Kundenapp sich die Leute wünschen.

Kalkuliere deinen Return on Invest

Wer über gute Produkte verfügt, sollte damit umso mehr an die Öffentlichkeit treten. Denn ein schlauer Unternehmer mit Geschäftssinn nutzt seine Möglichkeiten. Schließlich erwartet jeder von uns die optimale Rendite aus seinem Kapitaleinsatz und wer mit einem Euro für das Marketing 10 Euro Umsatz generiert, erzielt ein gutes Kosten-Nutzen-Verhältnis.

Übertragen aufs Onlinemarketing bedeutet dieses Prinzip: Du investierst zum Beispiel 100 Euro für Maßnahmen in den sozialen Medien. Entscheidend ist nun, ob du dadurch einen neuen Kunden gewinnst. Wenn dieser im ersten Jahr 1.000 Euro einspielt und im zweiten nochmals, zahlt sich das Investment mehrfach aus. Deshalb kommt es bei allen Maßnahmen darauf an, ob ihre Kosten in einem attraktiven Verhältnis zum darauf generierten Umsatz stehen. Rechne es aus! Gerade im datengetriebenen Onlinemarketing lassen sich derartige Kalkulationen problemlos aufstellen und auch du solltest diese Chancen ergreifen. Selbstverständlich heißt eine weitere Voraussetzung für den Erfolg im Marketing, dass du weißt, was du tust.

Deine typischen Ziele im Marketing

Die klassischen Marketingziele gleichen sich bei fast allen Unternehmen. Es geht um die Stärkung der Kundenbindung, um Neukundengewinnung, die Steigerung der Bekanntheit, die Verbesserung des eigenen Images und letztlich um eine Erhöhung von Umsatz und Gewinn. Das wird bei dir nicht anders sein.

Abbildung 23: Ökonomische und psychologische Ziele im Marketing

Aus eigener Erfahrung weiß ich aber, dass in dieser Liste noch ein Punkt fehlt, den kaum jemand auf dem Schirm hat: Gerade das Onlinemarketing verdeutlicht dir als Unternehmer auch die Mechanismen und Chancen der Digitalisierung. So sind die heutigen Möglichkeiten des datengetriebenen Marketings bereits enorm, in Zukunft wird die Beherrschung der Technik aus meiner Sicht jedoch zu einer entscheidenden Fähigkeit. Deshalb geht es vor allem bei deinen Aktionen im Onlinemarketing immer zusätzlich darum, die Klaviatur kennenzulernen – selbst, wenn du nur wenig tust. Denn wenn du dich jetzt nicht dahinterklemmst, ist der Zug irgendwann abgefahren. Sonst schaltest du vielleicht aus purem Aktionismus teure Anzeigen und weißt beim Anruf eines Interessenten nicht, was du mit ihm anfangen sollst.

Wie du mit der SMART-Formel deine Ziele festlegst

Egal um welche Methoden und Kanäle es geht, du brauchst klare und zu dir passende Marketingziele. Zudem solltest du regelmäßig hinterfragen, ob sie noch aktuell und sinnvoll sind. Je detaillierter du hier arbeitest, desto besser werden die Ergebnisse sein. Deine Marschrichtung bestimmt darüber, welche Maßnahmen du umsetzt, und sie sorgt dafür, dass dein gesamtes Unternehmen an einem Strang zieht. Schließlich bringt es wenig, wenn alle Kollegen ihr eigenes Süppchen kochen. Die zentrale Grundregel heißt: Definiere zuerst deine Ziele und leite dann die entsprechenden Maßnahmen ab. Diese Aufgabe lässt sich mit Hilfe der SMART-Formel sehr einfach umsetzen. Sie umfasst fünf Regeln zur Formulierung deiner Marketingziele, die du beachten solltest:

- **S**pezifisch (Konkret, präzise und eindeutig formuliert.)
- **M**essbar (Überprüfbar: Woran merkst du, dass du das Ziel erreicht hast?)
- **A**ttraktiv (Positiv formuliert und begehrenswert.)
- **R**ealistisch (Mit den verfügbaren Mitteln auch tatsächlich erreichbar.)
- **T**erminiert (Mit einem eindeutigen Termin versehen.)

Realistisch zu bleiben heißt übrigens nicht, klein zu denken. Ich möchte dich ausdrücklich dazu ermutigen, große Ziele festzulegen, die sich im ersten Anlauf vielleicht nicht erreichen lassen. Denn oft benötigen Kampagnen Zeit und wer von vorneherein mit wenig zufrieden ist, wird auch nicht weiterkommen. Auf diesem Weg helfen oftmals konkrete Meilensteine, sie können ein großes Ziel in viele kleine Schritte einteilen und damit auch gleichzeitig die einzelnen Maßnahmen greifbarer machen. Wichtig ist jedoch, dass du die Ziele individuell für dich festlegst. Denn sie richten sich sehr nach Unternehmen und Geschäftsmodell, einige Beispiele eigener Ziele möchte ich jedoch zur Veranschaulichung nennen:

- Ich möchte E-Mail-Adressen und Mobilfunknummern von 80 Prozent meiner Kunden haben. Damit werde ich unabhängig von Onlineplattformen wie Facebook und kann meine Kunden direkt per Newsletter oder Ähnlichem ansprechen.
- Ich sende meinen Kunden monatlich einen digitalen Kundenbrief mit wichtigen Informationen und Neuerungen – vielleicht mit einem Schwerpunktthema und eingeleitet von der Geschäftsführung. Damit schaffe ich Vertrauen.

- 1.000 Kunden sollen mir auf LinkedIn folgen. So sorge ich für Reichweite und verbessere meine Position in den sozialen Netzwerken.

Marketingplan und Meilensteine

Um eigene Ziele festzulegen und den Weg dorthin konsequent gehen zu können, brauchst du eine belastbare Strategie. Deshalb solltest du dir die Arbeit machen und einen detaillierten Marketingplan aufstellen, der zudem konkrete Meilensteine enthält. Keine Angst, dazu braucht es kein Agentur-Know-how und auch der Zeitaufwand hält sich in Grenzen. Dafür ist aber der Gewinn umso größer, denn du verfügst damit über ein wirkungsvolles Instrument, das dem Vertrieb Turbokräfte verleihen kann. Wie ein solcher Marketingplan aussehen kann, möchte ich am Beispiel der Einführung eines Versicherungsproduktes speziell für die Fitness-Branche erläutern. Die drei Phasen Vorüberlegungen, Leadgenerierung und Customer Journey sind jedoch allgemeingültig und lassen sich auf andere Vorhaben übertragen.

Abbildung 24: Vorüberlegungen (Aussicht)

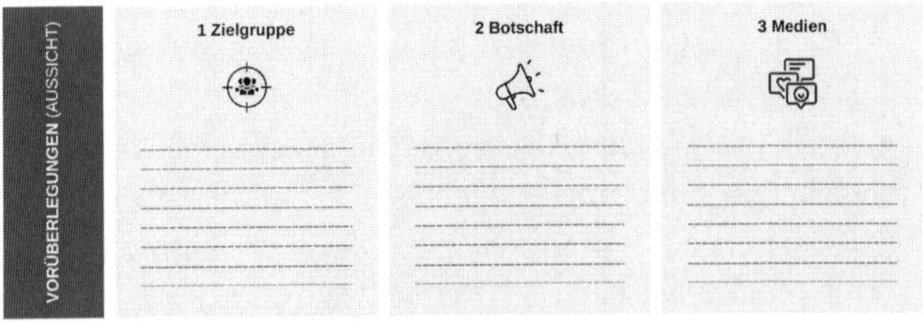

1. Zielgruppe
   Bei der Zielgruppe handelt es sich in diesem Beispiel um Inhaber und Franchisenehmer von Fitnessstudios, Gesundheitszentren und Crossfit-Anbietern. Derzeit zählen dazu zirka 10.000 Unternehmen.

2. Botschaft
   Die Botschaft an diese Zielgruppe könnte lauten, dass es sich um den Spezialisten für die Absicherung von Fitnessstudios handelt. Das Produkt bietet einen Rundumschutz mit einer Kombi-Police, die jedoch modular aufgebaut ist.

3. Medien
   Der Weg zur Zielgruppe könnte über E-Mail-Marketing und Sales-Letter an bestehende Adressverteiler erfolgen, sowie durch Newsletter, Telemarketing, Veranstaltungen (Messen etc.) und Social Media (Facebook, Instagram etc.).

Auf dieser Grundlage folgen weitere Überlegungen zu Werbematerialien, Dienstleistern oder Inhalten, die für die einzelnen Medien benötigt werden. Braucht es zum Beispiel eine Landingpage, Imagebroschüre, Marke und Logo, Texte für E-Mails oder Ähnliches?

Abbildung 25: Leadgenerierung

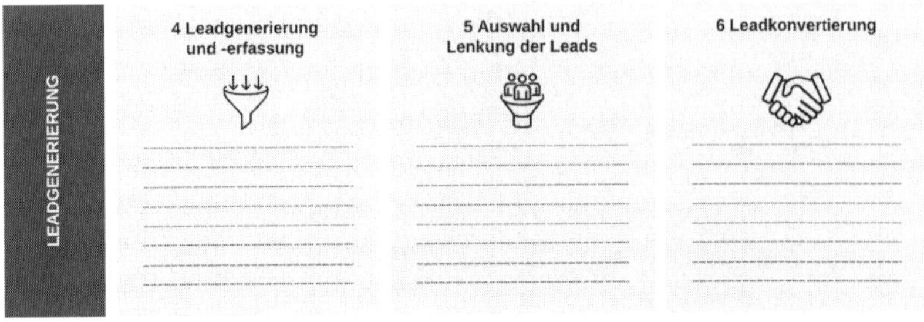

4. Leadgenerierung und -erfassung
   Die Leads werden über die verschiedenen Medien wie E-Mails oder Anrufe generiert. Dieser Schritt lässt sich durch passende Schnittstellen zur Adressdatenbank vereinfachen.

5. Auswahl und Lenkung der Leads
   Alle Interessenten gelangen von den einzelnen Medien auf eine aussagekräftige Landingpage mit verständlichen Inhalten, einer aussagekräftigen Produkt- und Leistungsbeschreibung sowie Vertrauen schaffenden Nutzerkommentaren.

6. Leadkonvertierung
   Kontaktmöglichkeiten sind prominent platziert, um Besucher zu Leads zu konvertieren und im Endeffekt auch Vertriebserfolge zu generieren. Dazu dienen Angebote wie ein Policen-Check der bisherigen Absicherung oder ein persönliches Beratungsgespräch.

Abbildung 26: Customer Journey

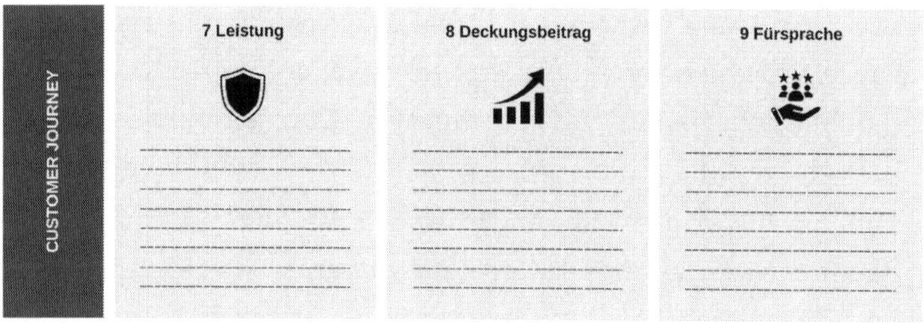

7. Leistung
   Die Absicherung lässt sich auf das jeweilige Fitnessstudio maßschneidern und die Kunden bezahlen nur, was sie tatsächlich benötigen.

8. Deckungsbeitrag
   Eine erstklassige Leistung vom Versicherungsmakler sorgt für eine langfristige Bindung und damit auch für nachhaltig profitable Kunden. Regelmäßige Produktangebote und Leistungsverbesserungen sorgen für eine weitere Steigerung des Kundenwerts.

9. Fürsprache
   Durch gezielte Hinweise und die gute Leistung werden Kunden dazu motiviert, Bewertungen und Feedback abzugeben und zu teilen.

Geh mit dem Kunden auf die Reise

Die *Customer Journey* ist dir vielleicht schon ein Begriff. Er ist im Marketing von zentraler Bedeutung und deshalb möchte ich darauf näher eingehen. Das Konzept dahinter beruht auf der Erkenntnis, dass viele Marketingkampagnen von den Produkten ausgehen und das Pferd damit gewissermaßen von hinten aufzäumen. Man nimmt sich beispielsweise die Unfallversicherung vor und fragt, welche Maßnahmen geeignet sind, um sie bekannter zu machen und Kunden zu gewinnen. Bei diesem Ansatz gerät eine wichtige Frage jedoch weitgehend in den Hintergrund: Wie kommt es zu einer Kaufentscheidung und wie lässt sich dieser Prozess beeinflussen? Daher ist es sinnvoll, diesen Weg vom Interesse bis zum Abschluss in den Fokus zu rücken. Der Fachbegriff dafür lautet Customer Journey und das dahinterstehende Konzept beleuchtet die einzelnen Phasen, die ein Kunde durchläuft, bevor er sich für den Kauf eines Produktes entscheidet. Das eigene Marketing kann nur derjenige optimal ausrichten, der diese Reise seiner Kunden versteht und weiß, wo und wie er sie jeweils erreicht. Das Modell umfasst fünf Phasen.

Abbildung 27: Fünf Phasen der Customer Journey

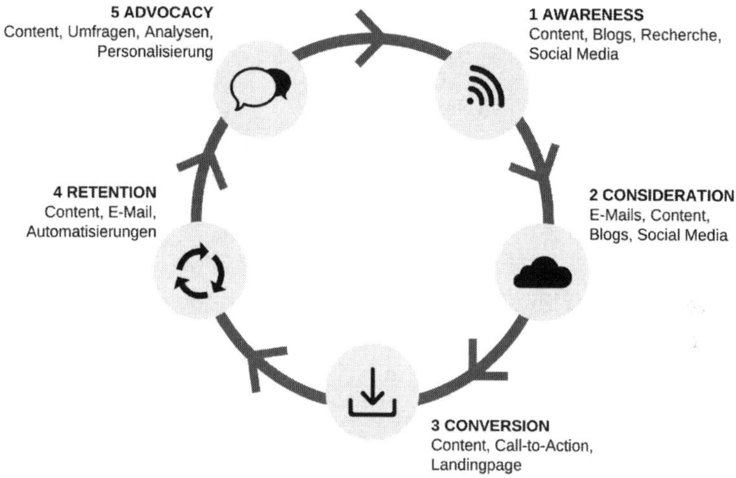

1. **Awareness (Bewusstsein)**
   Der Verbraucher erkennt seinen Bedarf und ist auf dein Produkt oder deinen Service aufmerksam geworden.

2. **Consideration (Abwägung)**
   Der Verbraucher wird zum Interessenten und denkt darüber nach, dein Produkt zu kaufen. Er überlegt, wie gut es sein Problem lösen kann.

3. **Conversion (Umwandlung)**
   Der Interessent entscheidet sich für dein Produkt, kauft es und wird dadurch zum Kunden.

4. **Retention (Bindung)**
   Der Kunde erhält das Produkt und ist zufrieden oder sogar begeistert davon. Wenn möglich, kauft er es nun regelmäßig.

5. **Advocacy (Fürsprache)**
   Der Kunde schätzt dein Produkt so sehr, dass er seine Customer Experience mit anderen Menschen teilt.

Bei der Customer Journey handelt es sich also um eine ganzheitliche Betrachtung deiner Kunden. Sie beschränkt sich nicht auf die erstmalige Gewinnung eines Neukunden, vielmehr erstreckt sie sich über den gesamten Lebenszyklus. Diese Reise beginnt zum Zeitpunkt, an dem dein Kunde zum ersten Mal mit dir in Berührung kommt – etwa, wenn er zufällig über ein YouTube-Video von dir stolpert. Sie geht über die vollständige Phase der Zusammenarbeit, die hoffentlich eine derartige Zufriedenheit erzeugt, dass dein Kunde bei anderen potenziellen Kunden für dich wirbt. Leider gehen vor allem die letzten Phasen häufig unter. Ist der Vertrag unterschrieben, versenden viele Makler nur noch einmal im Jahr den Weihnachtsgruß an ihre Bestandskunden. Das ist zu wenig und damit werden Potenziale verschenkt.

Du kannst deinen Erfolg vervielfachen, wenn du bestehende Kunden strategisch pflegst und regelmäßig mit ihnen in Kontakt trittst. Gerade mit Hilfe der vielen unterschiedlichen digitalen Optionen ist es überhaupt kein Problem, dich regelmäßig ohne großen Aufwand ins Gedächtnis zu rufen. Bist du auf LinkedIn oder Instagram vertreten und veröffentlichst täglich Content, sorgst du automatisch für Kundenbindung – ohne aufdringlich zu werden oder unerwünschte Werbung zu verschicken. Zudem zeigen

Erkenntnisse aus der Marketing- und Wahrnehmungsforschung, dass es sehr viele Kontakte braucht, bis eine Person tatsächlich zum Kunden wird. Deshalb lautet deine Aufgabe, während der gesamten Customer Journey kontinuierlich Berührungspunkte herzustellen, sei es telefonisch, online, im Büro oder per E-Mail. Das Schema dieser Reise gleicht sich immer. Abhängig von Geschäftsmodell, Zielgruppen, Produkten und Rahmenbedingungen ist zu entscheiden, wie die einzelnen Berührungspunkte aussehen und wie du sie einsetzen solltest.

Eine wichtige Aufgabe im Marketing heißt, immer wieder bei potenziellen Kunden präsent zu sein und so viele Berührungspunkte wie möglich zu schaffen. Nur wenn du dir einen genauen Überblick verschaffst und definierst, an welchem Ort und zu welchem Zweck die einzelnen Kontaktmöglichkeiten existieren, kannst du die Details kontinuierlich weiterentwickeln und optimieren. Richtschnur dafür sind die jeweiligen Informationsbedürfnisse und Vorlieben deiner Zielgruppe. Letztlich stärkt eine maßgeschneiderte Gestaltung der Customer Journey deine Stellung als Vermittler oder Makler. Zeige deinen Kunden regelmäßig, dass du stets für sie da bist. Und weil jeder Mensch über individuelle Vorlieben verfügt und deshalb einen anderen Kommunikationskanal präferiert, braucht es eine Kombination moderner und klassischer Kanäle. Biete jedem Kunden die passenden Berührungspunkte.

Schaffe Berührungspunkte mit deinen Kunden

Im Marketing-Jargon heißen diese Punkte *Touchpoints* und es lohnt sich, die Mechanismen dahinter genauer anzuschauen und sie im eigenen Sinne zu nutzen. Auch hier eignet sich die bekannte Einteilung in fünf Phasen und die Touchpoints unterscheiden sich in der Regel von Phase zu Phase. Am Anfang geht es um die Wahrnehmung – der Kunde sieht vielleicht zum ersten Mal deine Anzeige im Internet, bemerkt die von dir gesponserten Fußballtrikots oder er läuft an deinem Büro vorbei. In der Abwägungsphase heißt deine Aufgabe, Interessenten zu überzeugen. Dabei helfen Kundenbewertungen enorm, aber auch kostenlose Wissensbeiträge in deinem Blog. Im besten Fall erfolgt dann die nahtlose Umwandlung des Interessenten in einen Käufer – hier sind wieder ganz verschiedene Touchpoints denkbar. Du weißt schon, dass die Kundenreise nicht mit dem Kauf endet. In der After-Sales-Phase geht es um die Bindung mit Hilfe individueller Services. Die folgende Grafik zeigt schematisch, welche Kontaktmöglichkeiten die unterschiedlichen Phasen der Customer Journey bieten. Diese können sich über alle Kanäle erstrecken. Dabei sollte dir immer klar sein, dass zum Beispiel ein internetaffiner Kunde in bestimmten Situationen eine telefonische Beratung benötigen kann und umgekehrt.

Abbildung 28: Kontaktpunkte der Customer Journey

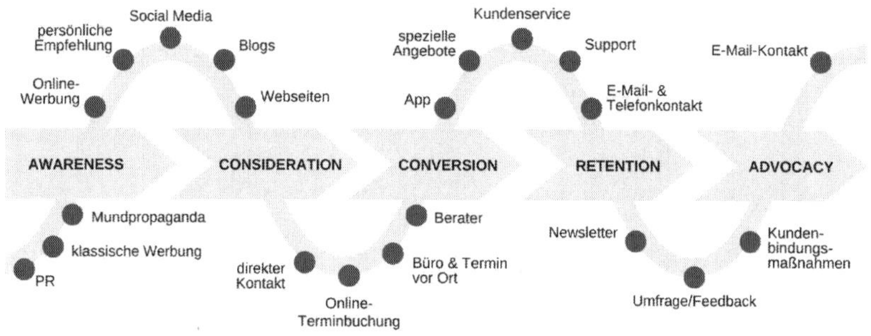

Die Grafik zeigt sehr deutlich, dass eine große Vielfalt denkbarer Touchpoints existiert. Viele davon kannst du nutzen. Deshalb solltest du dich fragen, ob du eine Person lediglich zweimal im Jahr beim Versand der obligatorischen Weihnachts- und Geburtstagskarte erreichst oder ob sich die Touchpoints auf ein Telefonat zur Terminvereinbarung und das anschließende persönliche Jahresgespräch beschränken. Ist dies der Fall, verfügst du über erhebliche Potenziale und solltest diejenigen Berührungspunkte identifizieren, die sich für dein Geschäft und deine Zielgruppen anbieten.

Abbildung 29: Übersicht denkbarer Touchpoints

Typische Touchpoints sind beispielsweise Webseite, Telefon, Kundenapp, Newsletter, digitale Schadenformulare, Instagram, Facebook, LinkedIn, der klassische Termin vor Ort, WhatsApp, Online-Beratung, Kontaktformulare, Messen sowie Werbeanzeigen (on- und offline). Alle zusammen helfen dir dabei, die Bekanntheit zu erhöhen, Leistungen und Services zu kommunizieren und dich als qualitätsorientierten und kundenzentrierten Dienstleister stärker in den Fokus zu rücken. Als Touchpoint im weiteren Sinne gilt jeder Ort oder Punkt, an dem du mit deinen Kunden oder deine Kunden mit dir in Berührung kommen. Dieser Kontakt kann durchaus nur in eine Richtung verlaufen; zum Beispiel liest der Kunde deinen Newsletter, reagiert aber nicht. Die genauen Abläufe gilt es zu analysieren, um Optimierungspotenziale zu erkennen. Anzahl und Art der Berührungspunkte kannst du mit den folgenden Schritten untersuchen:

- Am besten erstellst du eine Mindmap und sammelst alle Touchpoints. Welche gibt es überhaupt? Musst du eventuell mehr schaffen?

- Sind deine Touchpoints ausreichend sichtbar? Musst du die Kunden stärker über die verschiedenen Möglichkeiten informieren?
- Über welche Qualität verfügen die jeweiligen Touchpoints? Wie intensiv ist der Kontakt?
- Wie oft entsteht wirklich ein Kontakt zum Kunden über einen Touchpoint?

Abbildung 30: Schritte zur Optimierung

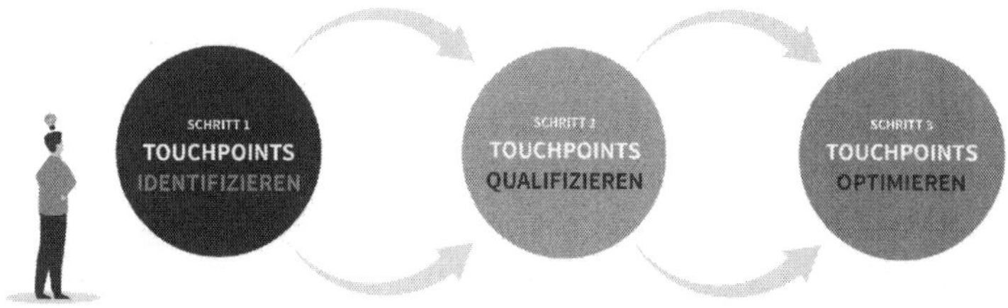

Verschaffst du dir eine Übersicht über die sinnvollen Touchpoints, bespielst du sie zielgerichtet und denkst regelmäßig über Optimierungen nach. Du verankerst dich dauerhaft im Bewusstsein deiner (potenziellen) Kunden – das gilt sowohl bei Neukunden als auch bei deinem Bestand. Stets sollte man eine Beziehung aufbauen ohne zu nerven und dabei spielen Anzahl, Nutzung und Art der Touchpoints eine wichtige Rolle. Denn verschiedene Kunden mit unterschiedlichen Anliegen nutzen jeweils eigene Kommunikationswege. Je zielgruppengerechter deine Angebote der Kontaktaufnahme ausfallen, desto zufriedener werden deine Kunden und desto eher bleiben sie dir gewogen. Und bevor du eine hohe Kundenzufriedenheit als selbstverständlich ansiehst: Wann hast du sie das letzte Mal wirklich ganz direkt danach gefragt?

Klare Erkenntnisse zu dieser Frage brauchst du deshalb, weil Kundenkontakte zu den wichtigsten Geschäftsprozessen gehören und eine entsprechend hohe Priorität haben sollten.

Content-Marketing

Damit eine Person über dich stolpert und vielleicht sogar zum Kunden wird, musst du Präsenz zeigen und dafür braucht es Inhalte – den sogenannten Content. Wer kaum etwas preisgibt oder keinen Mehrwert bietet, hat es in dieser Hinsicht schwer. Menschen legen das Heft weg, klicken im Netz weiter oder laufen am Schaufenster vorbei. Mit interessanten Inhalten lassen sich potenzielle Kunden jedoch ausgesprochen gut begeistern, dieses Prinzip ist ein alter Hut im Marketing und du kannst damit Leads generieren. Zusammengefasst wird dieser Ansatz meist unter dem Begriff *Content-Marketing*, also mit Inhalten Aufmerksamkeit erzeugen. Am einfachsten umsetzen lässt sich das online, in der Regel dienen dazu Blogartikel auf der Webseite, Beiträge in sozialen Netzwerken oder Texte im Newsletter. Mit ihnen kannst du bestehende Kunden informieren oder neue Interessenten auf dich aufmerksam machen – du erzielst eine sogenannte organische Reichweite. Diese entsteht aufgrund des Inhalts und nicht mit Hilfe von bezahlter Werbung. Außerdem gilt: Google liebt gute Inhalte. Diesen Umstand solltest du dir zunutze machen, um mit deinen Informationen Reichweite zu generieren.

Häufig ist es sinnvoll, die Inhalte auf unterschiedlichen Kanälen individuell aufbereitet zu verbreiten und damit die Reichweite und Relevanz noch zu steigern. Allerdings muss dir klar sein, dass Content-Marketing viel Arbeit macht.

Es braucht eine große Menge an Inhalten und diese müssen stets aktualisiert und ergänzt werden. Gute und erfolgreiche Blogs im Versicherungsbereich bestehen aus mehreren 100 oder sogar 1.000 Artikeln, die über viele Jahre hinweg entstanden sind. Ein Newcomer kann sich hier nur schwer hineindrängen. Bist du jedoch zum Beispiel in einer Nische unterwegs und verfügst über spezialisiertes Know-how, kann das Marketing über diese Inhalte gut funktionieren. So braucht es für Content-Marketing noch mehr, was für andere Formen der Aufmerksamkeitsgewinnung gilt: einen langen Atem. Hast du jedoch einen gewissen Status erreicht, verfügst du über einen enormen Vorsprung. Schließlich brauchen Neueinsteiger genauso lange, um dich einzuholen.

Verzichte auf 08/15!

Erfolg im Content-Marketing beruht auf hochwertigen und zielgruppengerechten Inhalten. Deshalb nützt es nichts, vorgefertigte Standards zu nutzen. Du solltest also keine fremden Texte einfach auf deine Webseite kopieren oder in den sozialen Netzwerken teilen. Ich weiß, dieser Gedanke ist verlockend. Denn es gibt viele Anbieter, die entsprechende Inhalte zur Verfügung stellen und es braucht nur wenige Klicks und man hat große Mengen an Content produziert. Dieses Prinzip funktioniert jedoch nicht! Deine Kunden werden schnell merken, dass du nur 08/15-Ware anbietest und sie keinen Mehrwert erwarten können. Auch Google wertet Nachahmer weniger hoch. Deshalb lautet mein Rat: Mach dir die Arbeit und produziere eigene Inhalte, die für deine Kunden Relevanz besitzen. Dann hast du Erfolg mit Content-Marketing.

Content-Marketing über den eigenen Blog

Als bewährtes Vehikel zur Präsentation von Content dienen meist Blogs. Darauf kannst du Themen präsentieren, zugeschnitten auf deine Zielgruppe. Versicherst du beispielsweise vorrangig Hausverwaltungen, solltest du über solche Inhalte berichten, die für diese Personen von Interesse sind. Wer dagegen hauptsächlich die Arbeitskraft von Beamten absichert, sollte die dazu passenden Inhalte entwickeln. Je besser und relevanter deine Informationen sind, desto höher wird Google sie gewichten und damit dein Ranking verbessern. Die Themen für deine Leser müssen nicht zwingend etwas mit Versicherungen zu tun haben. Wichtig ist nur, dass die Inhalte für deine Zielgruppe relevant sind. Die Folge: Recherchiert deine Zielgruppe zu diesen Themen, erscheinen deine Beiträge in der Ergebnisliste. So glänzt du mit Kompetenz, schaffst Vertrauen und sorgst für Gelegenheiten, bei denen potenzielle Kunden Kontakt mit dir aufnehmen. Daher ist es auch so wichtig, eine Handlungsaufforderung oder einen Call-to-Action (CTA) zu integrieren. Allerdings kommt eine Relevanz bei den Suchmaschinen nicht immer gleich über Nacht. Es braucht Ausdauer. Mit der Zeit entwickelt sich ein solcher Blog dann zu einer Art Nachschlagewerk für deine Zielgruppe. Es ist von Vorteil, wenn du oder einer deiner Mitarbeiter gerne schreiben. Fehlt diese Kompetenz und ist ein Blog für dich sinnvoll, kann externe Hilfe diese Lücke füllen.

Wie du das Vertrauen deiner Kunden gewinnst, aufbaust und stärkst

Die Häufigkeit der Kontakte und die Präsenz auf den richtigen Kanälen schafft Aufmerksamkeit und bringt dich überhaupt erst auf den Radar potenzieller Kunden. Bist du dort angelangt, folgt die nächste Herausforderung: Du musst diese Interessenten überzeugen. Einzig auf die Anzahl der Touchpoints zu setzen wird wenig bringen, zum Beispiel wird sich ein möglicher Neukunde vor dem Erstkontakt erst einmal über dich informieren. Eventuell kommt er über Empfehlungen oder er googelt. Nun stellt sich natürlich die Frage: Was findet er? Schon vor dem ersten Kontakt mit potenziellen Neukunden solltest du dafür sorgen, ein Vertrauensverhältnis aufzubauen und den Kontakt auf ein solides Fundament zu setzen. Diese Basis hilft später bei der Kundenbindung, da sich deine Kunden an diese positiven Eindrücke erinnern werden.

Abbildung 31: Wie Vertrauen entsteht

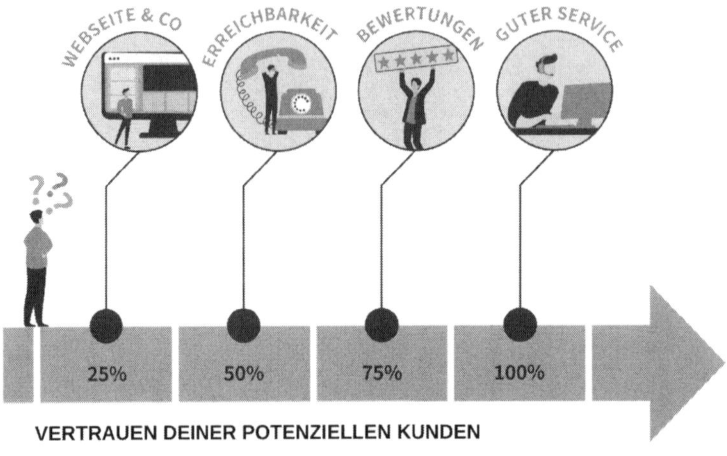

- **Webseite**
  Im Idealfall gelangt der Interessent direkt auf deine Webseite. Präsentierst du dich online modern und entspricht dein Internetauftritt neuesten Standards, signalisierst du Professionalität und schaffst Vertrauen. Interessenten sehen direkt, dass du mit der Zeit gehst, und dieser Eindruck beeinflusst die Einschätzung deiner Qualität im Job. Und denk daran, die Erwartungen und Gewohnheiten deiner Kunden werden zum Beispiel von Amazon, Google und booking.com geprägt. An ihrem Service musst du dich messen, nicht am durchschnittlichen Vermittler um die Ecke.

- **Erreichbarkeit**
  Der erste Eindruck der Professionalität lässt sich verstärken, indem deine Webseite übersichtlich und gut strukturiert darstellt, was einen potenziellen Kunden

interessiert. Dazu gehören beispielsweise ein gutes Serviceangebot und verschiedene Kontaktmöglichkeiten, zum Beispiel eine Telefonnummer, über die du wirklich erreichbar bist. Kannst du aufgrund der Unternehmensgröße keine gute telefonische Erreichbarkeit gewährleisten, dann nutze einen Telefonservice oder biete einen Rückrufservice an. Ruft ein potenzieller Kunde an und kommt gleich beim ersten Versuch durch, baust du Vertrauen auf. Biete zudem ein Kontaktformular, worüber du erreichbar bist, oder eine digitale Terminvereinbarung. Aber denk daran, dich innerhalb weniger Stunden zurückzumelden.

- **Bewertungen**

  Das Vertrauen deiner Kunden – egal ob neu oder Bestand – lässt sich zudem durch Kundenbewertungen stärken. Sie verhelfen zu einem Vertrauensvorschuss noch vor dem ersten Gespräch. Du kennst das Prinzip von dir selbst: Wenn du einen Arzt mit guten Bewertungen findest, gehst du automatisch mit einem besseren Gefühl zur ersten Konsultation. Ist jedoch Kritik zu finden oder du erreichst niemanden, wirst du wahrscheinlich keinen Termin buchen.

- **Guter Service**

  Hast du das Vertrauen eines Kunden gewonnen, musst du es natürlich auch halten können. Dazu braucht es eine kontinuierlich gute Servicequalität und tolle Produktangebote.

Nutze die Macht der fünf Sterne

Viele Anbieter – egal aus welcher Branche – nutzen Kundenbewertungen mittlerweile für ihr Marketing. Makler und Vermittler sind jedoch eher unterrepräsentiert, du kannst dich immer noch vom Wettbewerb abheben. Viele und vor allem gute Bewertungen rechnen sich ganz konkret, denn als Verbraucher sind wir alle ständig mit Bewertungen konfrontiert und beziehen sie bewusst oder unbewusst in unsere Kaufentscheidung ein. Daher unterstützen sie die Neukundengewinnung, zudem stärken sie die Kundenbindung. Denn sobald ein Kunde eine positive Bewertung verfasst, festigt er seine Beziehung zu deinem Unternehmen. Nicht vergessen solltest du die Möglichkeit, Feedback zu erhalten – konstruktive Kritik kann zur Verbesserung deines Service beitragen. Ebenso stärken viele und gute Bewertungen das eigene Ego, was dir als Unternehmerpersönlichkeit zugutekommt.

Du kannst mit vielen, guten Bewertungen nicht nur als Content für die Besucher deiner Webseite arbeiten, sondern diese so einbinden, dass Google sie erkennt und direkt in die Suchergebnisse aufnimmt. Der Suchende sieht sie damit schon auf den ersten Blick, sie bestärken ihn und sorgen für mehr Klicks auf deiner Webseite. Aus hunderten Kundenprojekten weiß ich, dass das Marketing mit Bewertungen extrem gut funktioniert und Besucher davon angesprochen werden. Allerdings geht es zunächst darum, dich von vielleicht 0 oder 10 auf 100 oder mehr Kundenbewertungen zu katapultieren. Die Anzahl der Bewertungen sollte natürlich auch zu deiner Unternehmensgröße passen. Je größer deine Firma und dein Kundenkreis, desto mehr Bewertungen solltest du haben.

Um die Macht der Kundenbewertungen dauerhaft zum eigenen Vorteil zu nutzen und dich auf ein angemessenes Niveau zu bringen, darfst du das Ganze in deine Unternehmensprozesse integrieren. Egal ob Neukundenprozess, Jahresgespräch oder die erfolgreiche Schadenregulierung – in nahezu allen Unternehmensbereichen lassen sich Bewertungen erzielen. Wie in anderen Bereichen zählt hier ebenfalls die Kontinuität. Du solltest daher nicht zwei Monate lang Bewertungen sammeln und das Thema danach einschlafen lassen. Nützlich sind die Sterne nur dann, wenn du dauerhaft am Ball bleibst und Monat für Monat neue Bewertungen sammelst.

Worauf es bei Bewertungen ankommt:

- Schaffe zunächst eine Basis mit vielen Bewertungen. Es bringt nichts, mit drei Kundenbewertungen zu werben.
- Nimm die Gefahr schlechter Bewertungen nicht als Ausrede, gar keine zu fordern. Eine kritische unter 50 guten Bewertungen ist weitaus besser, als die einzige schlechte, die du zufällig bekommst.
- Wenige kritische Bewertungen sorgen für Authentizität. Denn auch Kunden wissen, dass es keine hundertprozentige Perfektion gibt.
- Sichere und pflege dein Profil auf Google My Business. Es ist kostenfrei.
- ProvenExpert erfordert kein Konto bei der Abgabe von Bewertungen und steht daher jedem Nutzer offen. Allerdings fallen Kosten an, wenn die Sterne bei Google sichtbar sein sollen und auch für andere Funktionen. Trotzdem ist es ein wertvoller Service mit nützlichen Features.

- Frage bei jeder positiven Gelegenheit aktiv nach einer Bewertung.
- Erkläre deinem Kunden, warum sie dich bewerten sollen. Dann klappt es auch.
- Du kannst sogar eine Anleitung zur Abgabe von Bewertungen für weniger technikaffine Nutzer online stellen. Wenn du Beispieltexte integrierst, fällt den Leuten das Schreiben leichter.

Sei innovativ mit Videobewertungen!

Deutlich anspruchsvoller und mit mehr Aufwand verbunden sind Bewertungen per Video. Neben dem Mehr an Technik erhöht sich die Hürde zum Kunden. Allerdings verfügst du damit über ein charmantes Werkzeug, das einen sehr persönlichen Touch in dein Marketing bringt und mit dem du dich definitiv vom Wettbewerb abhebst. Auch dafür existiert eine App fürs Smartphone – videoask. Damit muss der Kunde nicht in dein Büro kommen, er kann sein Video einfach über sein Handy aufnehmen. Sicher kann nicht jeder Kunde mit dem Medium Video umgehen, doch wenn du geeignete Personen kennst, solltest du zumindest einen Versuch starten. Übrigens geht es hier nicht um Perfektion oder Hochglanzvideos. Das wackelige Filmchen vom Sofa wirkt deutlich authentischer, als die schon auf den ersten Blick von der Werbeagentur gestaltete Lobeshymne.

Lerne deine Kunden kennen

Bisher ging es um Strategien und Ziele im Marketing, die Customer Journey und um deine Möglichkeiten der Optimierung. Das Wichtigste kam bislang nur als mehr oder weniger homogene Gruppe zur Sprache: die Kunden. Du weißt natürlich aus Erfahrung, dass jeder Mensch anders ist und ganz eigene Strategien zum (Vertriebs-)Erfolg führen. Deshalb ist es so wichtig, eine Person oder zumindest eine klar abgegrenzte Zielgruppe zielgerichtet anzusprechen und mit den passenden Argumenten von deinen Leistungen zu überzeugen. Diese Aufgabe können wir erheblich vereinfachen, wenn wir uns die Menschen genauer anschauen und Fragen nach Bedürfnissen, Wünschen, Einstellungen oder Vorlieben stellen. Folgende Punkte entscheiden über die operativen Marketingmaßnahmen:

- Wen sollen wir ansprechen?
- Wie muss die Ansprache aussehen?
- Welche Argumente nutzen wir?
- Wann sprechen wir diese Person an?
- Warum sprechen wir jemanden an?

Die Antworten geben uns wertvolle Hinweise darauf, wie wir Produkte und Vertrieb gestalten müssen. Und die Erfahrung zeigt, dass sich noch weitere Differenzierungen finden lassen. Auch hier helfen zielgerichtete Fragen:

- Was erregt die Aufmerksamkeit eines Nutzers?
- Was nimmt ein Kunde als gutes Erlebnis wahr?
- Wie lässt sich dein Kunde optimal an dein Unternehmen binden?

Die Beantwortung dieser Fragen hilft dir dabei, deine Kunden kennenzulernen, und mit diesem Wissen kannst du die passenden Marketingbotschaften übermitteln. Fehlen dir diese grundlegenden Informationen, dürfte ein zielgerichtetes und langfristig erfolgreiches Marketing schwerfallen. Sogar wer seine Kunden seit 20 Jahren kennt, profitiert von einer konkreten Definition dieser Personen. Denn gerade mit digitalen Marketinginstrumenten kannst du deine Zielgruppen viel exakter ansprechen, als beispielsweise mit Zeitungsanzeigen oder Plakaten. Dazu braucht es jedoch die genaue Kenntnis deiner Kunden. Fehlt dir diese, gibst du unnötig Geld aus und die Maßnahmen verpuffen. Dann verfehlst du deine Zielgruppe und diejenigen, die du erreichst, wollen deine Botschaft eventuell gar nicht hören. Hier entsteht also ein doppelter Schaden. Dein Ziel sollte daher eindeutig sein:

Biete deiner Zielgruppe exakt die Leistungen an, die sie interessieren.

Selbstverständlich kannst du über mehrere Kundengruppen verfügen. Niemals wirst du jedoch alle Menschen als Zielgruppe haben und beispielsweise vor allem Akademiker, Familien oder Handwerker ansprechen wollen. Auf diese solltest du dich konzentrieren und ihre Bedürfnisse erfüllen. Dies gilt sowohl im Hinblick auf die Produktgestaltung, aber auch in Bezug auf die Kommunikationskanäle und -inhalte.

Wer ist dein Typ?

Eine deutliche Hilfe bei der Ausarbeitung deiner Marketingstrategie bildet das sogenannte *Persona*-Konzept. Es bedeutet nichts anderes, als die große und auf den ersten Blick sehr heterogene Gruppe potenzieller Kunden in Archetypen zu gliedern. Stell dir deshalb die Frage, welche typischen Eigenschaften, Bedürfnisse und Fähigkeiten deine wichtigsten Kunden auszeichnen. Das Ziel heißt, drei, vier oder fünf verschiedene Personas herauszuarbeiten, die stellvertretend für deine Zielgruppen stehen. Eine solche Grundlage vereinfacht die Planung und Durchführung deiner Marketingmaßnahmen enorm und das Prinzip lässt sich sogar auf deine Personalarbeit übertragen. So kannst du mit Hilfe des Persona-Konzepts exakt definieren, welche Kandidaten du für dein Unternehmen gewinnen möchtest und den Rekrutierungsprozess daraufhin optimieren.

Abbildung 32: Entwicklung einer Persona

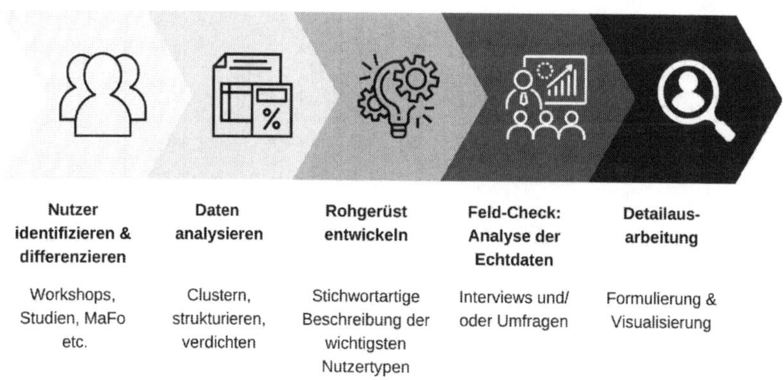

Der Begriff Persona ist sehr konkret zu verstehen, stell dir wirkliche Personen vor. Diese Aufgabe ist überhaupt nicht kompliziert und sie macht viel Spaß. Noch einfacher wird es, wenn du tatsächlich konkrete Kunden von dir befragst. So gelingt die Erstellung deiner Personas garantiert:

- Gib deinen Personas realistische Namen, die sie auch im wirklichen Leben tragen und suche ein passendes Foto für sie aus.
- Überlege dir demografische Daten wie Alter, Herkunft, Familienstand und ergänze auch das private Umfeld wie Freunde und Bekannte.
- Welchen Beruf hat die jeweilige Persona gelernt, welche Aufgaben hat sie und wo arbeitet sie?
- Denke dir die passenden Einstellungen, Hobbys, Wünsche, Ziele aus. Überlege dir, welche Vorlieben und Abneigungen ihre Entscheidungen beeinflussen.
- Welches Zitat bringt den Charakter der jeweiligen Persona zum Ausdruck?
- Überlege dir die Faktoren, die die Kaufentscheidungen bestimmen. Kauft die Persona eher spontan oder überlegt sie lange?
- In welchen Quellen informiert sich die Persona und wo kauft sie normalerweise ein?

Du willst deine Zielkunden so konkret wie möglich definieren und ein genaues Bild von ihnen zeichnen. Verfügst du also über vier verschiedene Zielgruppen, solltest du vier unterschiedliche Persona-Profile erstellen. Meine Empfehlung lautet, das Ganze digital zu machen. Dann lassen sich leichter Änderungen vornehmen und du kannst mit deinen Kollegen zusammen problemlos Punkte ergänzen.

Wichtig: Personas sind nichts für die Ewigkeit. Menschen, Produkte und Rahmenbedingungen verändern sich laufend, so dass du immer wieder neue Personas ergänzen oder bestehende anpassen solltest. Wie so ein Persona-Profil in der Praxis aussehen kann, siehst du in der folgenden Abbildung.

Abbildung 33: Beispiel für die Visualisierung eines Persona-Profil

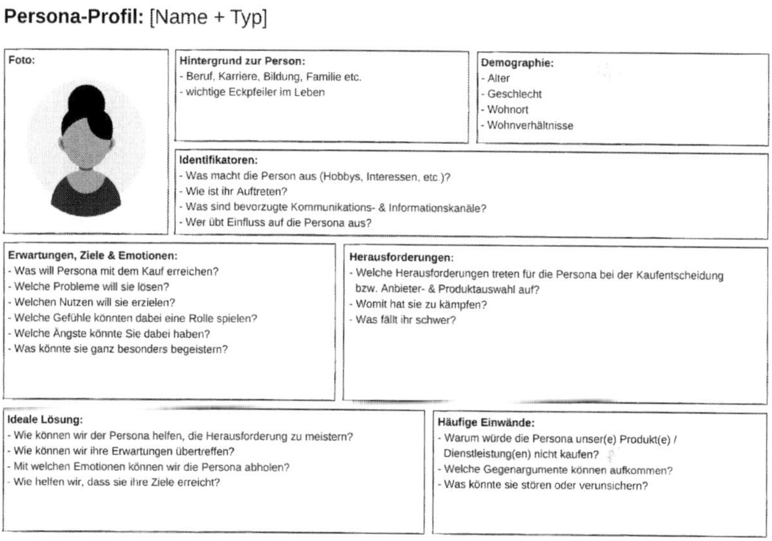

Persona-Profil: [Name + Typ]

Foto:

Hintergrund zur Person:
- Beruf, Karriere, Bildung, Familie etc.
- wichtige Eckpfeiler im Leben

Demographie:
- Alter
- Geschlecht
- Wohnort
- Wohnverhältnisse

Identifikatoren:
- Was macht die Person aus (Hobbys, Interessen, etc.)?
- Wie ist ihr Auftreten?
- Was sind bevorzugte Kommunikations- & Informationskanäle?
- Wer übt Einfluss auf die Persona aus?

Erwartungen, Ziele & Emotionen:
- Was will Persona mit dem Kauf erreichen?
- Welche Probleme will sie lösen?
- Welchen Nutzen will sie erzielen?
- Welche Gefühle könnten dabei eine Rolle spielen?
- Welche Ängste könnte Sie dabei haben?
- Was könnte sie ganz besonders begeistern?

Herausforderungen:
- Welche Herausforderungen treten für die Persona bei der Kaufentscheidung bzw. Anbieter- & Produktauswahl auf?
- Womit hat sie zu kämpfen?
- Was fällt ihr schwer?

Ideale Lösung:
- Wie können wir der Persona helfen, die Herausforderung zu meistern?
- Wie können wir ihre Erwartungen übertreffen?
- Mit welchen Emotionen können wir die Persona abholen?
- Wie helfen wir, dass sie ihre Ziele erreicht?

Häufige Einwände:
- Warum würde die Persona unser(e) Produkt(e) / Dienstleistung(en) nicht kaufen?
- Welche Gegenargumente können aufkommen?
- Was könnte sie stören oder verunsichern?

Mit Hilfe einer derart plastischen Darstellung einer "realen" Person fällt es viel leichter, die richtige Ansprache zu finden und die passenden Produkte für sie auszuwählen. Bei dieser Aufgabe solltest du deine Beschäftigten von Anfang an einbeziehen. Denn einerseits stehen sie im täglichen Kontakt mit deinen Kunden und können diese Ausarbeitung daher konkret unterstützen.

Zweitens verstehen sie den Sinn des Persona-Konzeptes deutlich besser, wenn sie daran mitarbeiten. Am Ende zählt nur ein Ziel:

Deine Marketingmaßnahmen sollen auf eine hohe Akzeptanz stoßen und Erfolge generieren.

Deshalb ist es wichtig, auf hochwertige Maßnahmen zu setzen. Plumpe Werbung zum Beispiel ist keine gute Idee, davon fühlen sich bestehende und potenzielle Kunden eher genervt. Viel besser eignen sich Informationen, die einen wirklichen Nutzen stiften und bei deiner Zielgruppe auf Interesse stoßen. Und dazu gibt es genug Gelegenheiten, du musst sie nur ergreifen oder schaffen!

Deine Marketingkanäle

Nun kennst du alle Grundlagen, die für deinen Marketingerfolg wichtig sind. Stellt sich nur noch die Frage, über welche Kanäle du diese Techniken einsetzen solltest.

E-Mail-Marketing und Newsletter

Eine wichtige Regel kennst du nicht nur aus diesem Buch, sondern sicher aus eigener Erfahrung: Einen Neukunden zu gewinnen, ist immer teurer, als Bestandskunden zu binden und mehr Ertrag mit ihnen zu generieren. Vor diesem Hintergrund halte ich Newslettermarketing für eine sinnvolle Technik, denn sie nutzt vorhandene Adressen und lässt sich daher sehr kostengünstig umsetzen. Darüber hinaus finden sich neben den Adressen von bestehenden Kunden in den meisten E-Mail-Verteilern auch Kontakte, zu denen bislang keine Geschäftsbeziehung existiert – ein Newsletter eignet sich damit sogar zur Neukundenakquise. Wer dieses Werkzeug intelligent nutzt, sorgt für langfristig planbare Gewinne. So wirken Newsletter auf vielfältige Weise:

- Unterstützung deiner Markenbildung
- Verbesserung deines Images
- Stärkung der Kundenbindung
- Vermittlung von Kompetenz und Professionalität
- Input zu Neuerungen im Markt oder bei Produkten
- Authentizität durch Einblicke in dein Unternehmen
- Schaffung einer Gewohnheit

Wichtig ist allerdings, keine Eintagsfliegen zu produzieren. Wie alle anderen Marketingmaßnahmen auch, brauchen Newsletter Kontinuität und einen langen Atem. Wer seine Kunden regelmäßig und auf professionellem Niveau informiert, etabliert sich als fachkundiger und verlässlicher Partner. Du musst daher Zeit und Arbeit investieren, um das Ganze in eine Routine zu überführen. Neben der Marketingwirkung profitierst du zudem von einer Enthaftung. Denn du kommst deiner Pflicht nach, bestimmte Informationen weiterzugeben. So kannst du beispielsweise zum jährlichen Versicherungscheck einladen, wo der Deckungsumfang geprüft wird. Verzichtet ein Kunde darauf und verweigert die Versicherung später eine Schadensregulierung, kann der Kunde dich schlecht verantwortlich machen. Du hast deine Pflichten nachweisbar erfüllt! Fazit: Du kannst mit einem Newsletter nur gewinnen!

Vorteile eines Newsletters

- Zuverlässiger Kanal, etabliert und bekannt
- Hohe potenzielle Reichweite
- Große Akzeptanz bei den Lesern
- Relativ geringe Kosten
- Segmentierungs- und Personalisierungsmöglichkeiten – nutze diese!

Die gewünschte Wirkung entfaltet dieses Medium jedoch insbesondere dann, wenn du Adressen und Kampagnen segmentierst und stets mit persönlicher Anrede und Absender arbeitest. Biete deinen Kunden zielgerichtete und überzeugende Inhalte. Die Empfänger müssen einen Mehrwert haben, du kennst den Zusammenhang bereits vom Thema *Content-Marketing*. Über den Erfolg entscheiden zum Beispiel auch eine spannende Überschrift und die Einbeziehung des Lesers. Und vergiss nicht den Call-to-Action-Button, wenn der Inhalt es hergibt!

Beachte die rechtliche Seite

Vor dem Newsletterversand solltest du rechtliche Aspekte sowie den Datenschutz berücksichtigen und es braucht eine Einwilligung des Adressaten. Es ist hilfreich, wenn du neben dem Maklervertrag eine Datenschutzvereinbarung schließt, die den Newsletter mit einbezieht. Bietest du einen Newsletter über die Webseite an, solltest du dies über einen sogenannten Double-Opt-in abwickeln. Klickt der Kunde den Newsletter an, geht automatisch eine E-Mail raus, die bestätigt werden muss. Damit bist du in der Regel auf der sicheren Seite. Und vergiss den Abmeldelink nicht in deinen Newslettern!

Um diesen Prozess rechtlich einwandfrei abzubilden, solltest du E-Mail-Newsletter nicht aus einem Standard-E-Mailprogramm wie Outlook verschicken. Denn mit diesen landest du schnell auf Spam-Listen. Besser ist es, spezialisierte Anbieter zu nutzen. Seriöse Namen sind meiner Erfahrung nach *ActiveCampaign*, *Rapidmail* und *Mailchimp*.

Vor dem Versand eines Newsletters braucht es selbstverständlich die Adressen. Diese können zum Beispiel aus deinem CRM-System stammen, von Anmeldungen über deine Webseite, aus E-Mails vom jeweiligen E-Mail-Client, aus Kundengesprächen oder über eine Lead-Generierung, etwa durch Premiuminhalte. Darüber hinaus solltest du jede Gelegenheit ergreifen, um neue Adressen zu erhalten und sie in deine Datenbank einzupflegen – mit der entsprechenden Einwilligung natürlich. Ein qualitativ hochwertiger Newsletter bringt dir in der Regel sogar neue Adressen ein. Denn gerade im gewerblichen Bereich reagieren viele Kunden positiv auf diese fachlichen Informationen und tragen sich mit ihrer E-Mail-Adresse ein. Wenn du außerdem über eine besondere Spezialisierung verfügst, entstehen daraus immer wieder konkrete Anfragen. Eine derartige Adressgenerierung über Informationen mit Mehrwert funktioniert auch bei Privatkunden.

Spielend leicht Kunden über Social Media akquirieren

Aus meiner Sicht lässt sich Social Media mit einem Schaufenster vergleichen. Denn mit Hilfe dieser Kanäle kannst du Inhalte erstellen und veröffentlichen, um damit Werbung für dich und deine Produkte zu machen. Damit du

Erfolg hast, sollte dein Content einzigartig und speziell auf die jeweilige Plattform zugeschnitten sein. Überall das Gleiche zu veröffentlichen, funktioniert nicht gut. Erstens unterscheiden sich Struktur, Zielgruppen und Nutzung erheblich und zweitens bestrafen auch die Plattformen gleichen Content durch niedrige Rankings. Wer diese Eigenheiten berücksichtigt, profitiert jedoch mehrfach von der Präsenz auf Social Media:

1. **Steigerung der Markenbekanntheit**
   Aufgrund der hohen Nutzungszahlen erreichst du sehr viele Menschen und deshalb solltest du deine Inhalte mindestens über eine relevante Plattform teilen. Du kommst kaum darum herum!

2. **Generierung von Leads und Steigerung der Konversionsraten**
   Aufgrund der zielgerichteten Ausspielung sprichst du mit deinen Inhalten automatisch die richtige Zielgruppe an. Daher sind die sozialen Medien ideal, um mehr Leads zu generieren und den Umsatz zu steigern. Oft genügt bereits ein Link zu deiner Webseite oder du stehst bei Servicefragen zur Verfügung.

3. **Pflege von Kundenbeziehungen**
   Einer der entscheidenden Vorteile von Social Media besteht darin, nachhaltige Beziehungen zu deinen Kunden aufzubauen. Deshalb solltest du Fragen beantworten, Beiträge kommentieren und deine Wertschätzung ausdrücken. Frage auch immer wieder nach der Meinung der Follower!

4. **Lernen von der Konkurrenz**
   Die Profile der Wettbewerber zeigen deren Strategien, Produkte und Taktiken. Außerdem siehst du, wie tief sie überhaupt in der jeweiligen Community verankert sind. Nicht zuletzt findest du heraus, was bei den Anderen funktioniert und was nicht. Aber denke daran, beschränke deinen Konsum auf das Nötigste!

Eine erfolgreiche Präsenz braucht Aktivität und Ausdauer. Einfach ein Profil anzulegen und zweimal pro Jahr etwas zu posten, bringt nichts. Erfolg versprechende Social-Media-Marketingstrategien müssen zu deinen konkreten Zielen und Rahmenbedingungen passen. So solltest du zunächst festlegen, ob du Aufmerksamkeit erregen oder eine konkrete Aktion hervorrufen willst. Wie auch immer deine Absichten aussehen, einige Fragen solltest du vorab beantworten:

- Welche Ziele willst du erreichen?
- Was soll der Account darstellen?
- Warum sollen dir andere Nutzer folgen und was haben sie davon?
- Würdest du dir selbst folgen?

Hier gilt es, ehrlich zu sein! Denn wenn du selbst keinen Nutzen erkennst, wieso sollen andere Personen dir folgen? Achte also auf den Nutzwert und die Qualität deiner Präsenz. Stimmen diese Voraussetzungen, empfehle ich ein schrittweises Vorgehen:

- Recherchiere Personas und Zielgruppen, die du erreichen möchtest. Erst wenn die Grundlagen feststehen, kannst du die geeigneten Plattformen finden.

- Wo bewegt sich deine Zielgruppe? Kein Makler oder Vermittler muss alle Kanäle bespielen. Diese Rahmenbedingungen entscheiden über den passenden, einzigartigen und interessanten Content.
- Sei kreativ und schreibe auf keinen Fall bei anderen ab! Wer hier selbst nicht weiterkommt, sollte auf professionelle Unterstützung zurückgreifen.
- Wichtig ist zudem, einen Zeitplan für Beiträge aufzustellen. Nur so sorgst du für eine regelmäßige und wirkungsvolle Präsenz. Zudem brauchst du Vorlauf, um gute Inhalte zu entwickeln und sie gegebenenfalls aufeinander aufzubauen.
- Vergiss nicht, Einflüsse und Ergebnisse zu analysieren. So kannst du die Wirksamkeit unabhängig von den Klickzahlen messen. Denn Reichweite ist nicht alles!

Finde deine passenden Plattformen

Die einzelnen Plattformen und ihre Nutzer unterscheiden sich erheblich und dein Geschäftsmodell entscheidet über die Relevanz. Wichtig zu wissen ist, dass sich die Nutzungsgewohnheiten ständig verändern, du solltest deine Strategie daher regelmäßig anpassen. Generell hat sich gezeigt, dass derzeit vor allem fünf Plattformen eine Rolle spielen:

Facebook – Millennials stellen den größten Teil der 2,9 Milliarden Nutzer dar. Facebook gehört zu den Gründervätern von Social Media und spricht dementsprechend vorrangig ältere Nutzer an.

Instagram – Hier sind alle Generationen vertreten, aber Instagram spricht vor allem jüngere Menschen an.

YouTube – Millennials, dicht gefolgt von Generation Z, stellen den größten Teil der 2,2 Milliarden Nutzer dar. Die Plattform vermittelt viele Lerninhalte und ist daher auch für die Versicherungsbranche interessant. Gerade Nischen bieten Chancen, zum Beispiel ist B2B-Content noch stark unterrepräsentiert.

LinkedIn – Das klassische B2B-Netzwerk braucht, wie die anderen Plattformen übrigens auch, eigenen, speziell darauf ausgerichteten Content.

Xing – In Deutschland weit verbreitet, gerät diese Plattform durch die Marktdominanz von LinkedIn zunehmend unter Druck.

TikTok – Schon lange nicht mehr neu, ist diese Plattform immer noch stark am Wachsen. Hier sind meist jüngere Nutzer vertreten, die ausschließlich Content im Videoformat konsumieren wollen.

Weitere Beispiele für Social-Media-Plattformen sind Snapchat (vorwiegend für die Generation Z), Twitter (Millennials) und Pinterest (ältere Millennials und jüngere Babyboomer). Letztere kann im Baufinanzierungsbereich interessant sein, wenn die Zielgruppe nach Anregungen für ihr Haus sucht. Auch Social Media lässt sich mit speziellen Tools verwalten und planen. Den Erfolg deiner Kampagnen kannst du anhand unterschiedlicher Kennzahlen messen, durch Interaktion, Reichweite, Zahl der Follower, Aufrufe oder Shares.

Facebook richtig nutzen

Gerade für einzelne Vermittler eignet sich ein privates Profil, hier ist die Vernetzung einfacher als bei Fanpages und auch die unbezahlte Reichweite ist in der Regel größer. Allerdings müssen die Inhalte passen! Wer Lehrer und Beamte anspricht, sollte den privaten Schwerpunkt nicht auf Surfen oder Golfen legen. Berichtest du über ein solches Hobby, kannst du die Inhalte gruppenspezifisch freigeben. Wer auf Facebook startet, wird mit einer großen Reichweite belohnt, diese nimmt dann kontinuierlich ab.

Strategien für mehr Reichweite

- Regelmäßiges Posten
- Ausschließlich relevanten Content veröffentlichen
- Challenges veranstalten
- Posts von anderen kommentieren und liken
- Stories (Format) mehr Aufmerksamkeit schenken
- Hashtags und Verlinkungen verwenden
- Emotionen wecken

Mache deine Webseite zur automatischen Vertriebsmaschine

Was für Social Media gilt, lässt sich ohne weiteres auf deine Webseite übertragen: Sie ist das digitale Schaufenster für dein Unternehmen. Der erste Eindruck zählt! Daher sollte sie optisch ansprechend aussehen, professionell gestaltet sein, relevante Informationen enthalten und für jeden Nutzer gleichermaßen brauchbar sein – insbesondere auch über mobile Endgeräte. Schon seit Jahren bildet die Webseite einen absoluten Standard in der Marketingkommunikation. Mit ihrer Hilfe erreichst und gewinnst du Kunden, pflegst und verbesserst dein Image. Deine Webseite kann aber noch viel mehr: Sie kann als vollwertiger Servicekanal für Kunden fungieren und alle Aufgaben erledigen, die eine App übernehmen kann. Hier geht es jedoch um den Bereich Marketing, eine Webseite kann unter anderem

- eine Visitenkarte im Internet bieten,
- Referenzen sowie Produkte und Dienstleistungen präsentieren,
- Kunden auf dem Laufenden halten,
- als Vertriebskanal fungieren,
- dein günstigster Angestellter sein und
- rund um die Uhr sowie weltweit erreichbar sein.

Bei der Konzeption solltest du diese Aufgaben stets im Hinterkopf behalten und die Gestaltung danach ausrichten. Selbstverständlich bemisst sich der konkrete Aufbau nach den jeweiligen Rahmenbedingungen und Zielsetzungen. Denke etwa daran, dass eine Discounter-Webseite vor allem von günstigen Angeboten lebt, wogegen eine Premiummarke mit hochwertigem Design punkten muss. Dieses Prinzip der Nutzerorientierung gilt auch für Makler und Vermittler. Dein Selbstverständnis und deine Zielgruppen entscheiden über die Webseite. Grob lassen sich Webseiten in zwei Varianten unterteilen, erstens in klassische Homepages. Oft sind solche Seiten allerdings überladen und unübersichtlich, daher kommt die zweite Variante immer mehr in Mode, die sogenannte Landingpage bzw. Onepager. Diese konzentriert die wichtigsten Punkte und überzeugt mit einem zielgerichteten

Aufbau. Ohnehin gilt in der Regel: weniger ist mehr. Doch egal, welche Variante du wählst, für mich gibt es

10 Erfolgsfaktoren für deine Webseite:

1. **Ziele setzen:** Überlege dir, was du erreichen möchtest, welche Mittel du hast, wie viel Zeit zur Verfügung steht und wie du deine Ziele erreichen kannst. Mach dir die konzeptionelle Arbeit, sie lohnt sich.

2. **Die richtige Technik:** Es gibt Baukastenlösungen, die du selbst umsetzen kannst, oder du wählst eine Agentur, die die Seite für dich umsetzt. Wähle das Richtige für dich.

3. **Professionelles Layout und Design:** Der erste Eindruck zählt! Denke daran, dass Logo, Schriften und Farben dein Corporate Design widerspiegeln. Und die Seite muss mobil optimiert sein.

4. **Benutzerfreundlichkeit:** Betrachte dein Konzept zunächst aus Nutzersicht. Wichtig sind eine intuitive Navigierbarkeit und eine gute Lesbarkeit. Beachte auch die Gewohnheiten der Leute und berücksichtige diese bei der Konzeption.

5. **Schnelle Ladezeiten:** Nicht überall sind gute Datenverbindungen verfügbar, deshalb solltest du die Seite inklusive Bilder schlank halten. Videos sind bei speziellen Hostern meist besser aufgehoben.

6. **Rechtliche Fragen:** Beachte das Copyright bei allen Inhalten und denke an Impressum, Datenschutz und Erstinformationen.

7. **Aktuelle Inhalte:** Achte darauf, dass Bilder und Kontaktdaten aktuell sind, ebenso die genannten Infos über Teammitglieder. Das gilt auch für deinen Blog.

8. **Webseite bekannt machen:** Suchmaschinenoptimierung spielt eine wichtige Rolle, damit dich die Nutzer finden. Dazu gehört guter Inhalt mit einer gezielten Platzierung von Keywords. Hilfreich können zudem Online-Werbung oder die Verknüpfung mit Social Media sein.

9. **Schnelle Kontaktaufnahme:** Reagiere sofort, wenn sich ein Kunde bei dir meldet. Die beste Webseite bringt nichts, wenn die Kontaktaufnahme ins Leere läuft. Und fordere bei Formularen nur die nötigen Daten, alles andere schreckt ab.

10. **Keine Werbung bitte:** Anzeigen oder Pop-ups nerven die meisten Nutzer und viele Browser filtern sie ohnehin heraus. Deshalb solltest du auf aggressive Werbung verzichten.

Wer diese zehn Faktoren beachtet, schafft die Rahmenbedingungen für eine wirkungsvolle Webseite. Fehlt nur noch der Inhalt. Die typischen Bestandteile sind eine kurze Vorstellung des Unternehmens und der Personen, Angaben zu Leistungen und Produkten, die digitalen Services wie etwa ein Formular zur Schadenmeldung und natürlich die Kontaktdaten.

Oftmals ist es sinnvoll, einen Call-to-Action zu integrieren, um Besucher direkt anzusprechen und beispielsweise Kontaktinformationen zu erhalten.

Der Call-to-Action

Der Besucher einer Webseite ist wenig wert, wenn er ohne weitere Aktion wegklickt. Ziel muss es deshalb sein, aus diesem Besucher einen Lead zu generieren und damit die Möglichkeit zu schaffen, ihn zum Kunden zu konvertieren. Ein Mittel dazu bildet der Call-to-Action (CTA). Er fordert deine Besucher auf, eine bestimmte Handlung auszuführen und dafür beispielsweise die E-Mail-Adresse anzugeben. Da die wenigsten Kunden ohne weiteres ihre Kontaktdaten hinterlassen, spielt ein CTA meist über Bande. Zum Beispiel muss der Kunde seine E-Mail-Adresse hinterlassen, um hochwertige Inhalte herunterladen oder einen Service nutzen zu können. Die gewünschte Handlung muss nicht unbedingt auf Content bezogen sein, oft nutzt sie jedoch hochwertige Inhalte als Mittel zum Zweck. Beispiele für die Funktionen hinter einem CTA sind:

- Anmelden für E-Mail-Updates
- Herunterladen eines E-Books
- Anschauen eines Video-Kurses
- Anmelden für ein Webinar oder anderes Event
- Teilen des Contents
- Lesen weiterer Beiträge
- Bitte um einen Kommentar
- Folgen auf Social Media
- Klicken auf einen Link
- Sichern eines Beratungsgutscheins
- Vereinbarung eines Telefontermins

- Abschluss einer Versicherung
- Kundenapp kostenfrei downloaden

Der CTA zeigt dem Nutzer, was als Nächstes zu tun ist. Eine eindeutige Aufforderung löst eine Aktion aus und gibt dem Webseitenbesucher gleichzeitig Orientierung. Wenn du beim CTA beispielsweise die weiteren Schritte erläuterst, fühlt sich der Kunde geführt, fasst Vertrauen und geht nicht verloren. Ein beliebtes Beispiel für einen CTA in der Versicherungsbranche sind unterschiedliche Rechner, mit denen sich die richtigen Deckungshöhen für die Hausratversicherung berechnen lassen oder Ähnliches. Meiner Erfahrung nach generieren sie jedoch so gut wie keine Leads. Das Feld beherrschen große Anbieter wie check24, die das Geschäft professionell und auf die Zielgruppen optimiert betreiben. In Nischen kann es allerdings anders aussehen.

Tools und Services für Webseiten

Wie du deine Webseite technisch umsetzt, hängt von deinen individuellen Anforderungen, Fähigkeiten und Zielen ab. Es existieren unzählige Tools, mit denen sich überzeugende Resultate erzielen lassen. Dazu gehören etablierte und umfangreiche Systeme wie *WordPress*, aber auch relativ neue und ausgesprochen einfach zu nutzende Anbieter wie *Leadpages* oder *Webflow*. Ergänzen lassen sich diese mit Services wie Formularen, Chatfunktionen, Bewertungstools oder der Integration von Social Media. Für diese Funktionen gibt es ebenfalls gute Angebote. Für die professionelle Nutzung fallen in der Regel Kosten an, deren Höhe richtet sich nach Art und Umfang deines Bedarfs. Doch egal, welche Tools du nutzt: Deinen Maßstab bilden nicht die Makler um die Ecke, sondern Amazon oder Facebook. Auf deren

Webseiten bewegen sich deine Kunden die meiste Zeit, dort werden Erwartungen geprägt. Zumindest in puncto Nutzerfreundlichkeit musst du dich daran messen lassen. Und dank der vielen Möglichkeiten ist dies auch für kleine Büros machbar.

Überzeuge mit Videos

Wer eine ansprechende Webseite auf die Beine gestellt hat, benötigt noch die passenden Inhalte. An erster Stelle stehen sicher Texte, Grafiken oder Zahlen; zunehmende Verbreitung finden allerdings Videos. Mit ihrer Hilfe kannst du Sachverhalte erklären und dich als Person vorstellen. Videos eignen sich nicht nur als Auflockerung für deine Webseite, sie eignen sich hervorragend, um die Kundenbindung zu verbessern. Denn wenn du beispielsweise ein Angebot berechnet hast, kannst du es natürlich per E-Mail verschicken. Deutlich persönlicher und professioneller wirkt es, wenn du dieses Angebot in einem kurzen Video präsentierst und erläuterst. Damit setzt du dich erheblich von den meisten Wettbewerbern ab. Dieses Medium kannst du zudem bei Geburtstagen oder anderen Events nutzen. Dabei ist es möglich, ein Video an mehrere Empfänger zu senden. Ebenso praktisch ist es, dass du nicht nur selbst im Bild erscheinen, sondern andere Inhalte einblenden kannst. So ist es möglich, den eigenen Bildschirm zu teilen und dadurch etwa ein Angebot durchzugehen. Aus meiner Sicht ist *Loom* ein sehr gutes Tool für die Videokommunikation.

Vertrieb

Es wäre wunderbar, wenn aus jedem Kontakt eine Kundenbeziehung entstehen würde. Aber so einfach ist das (Geschäfts-)Leben eben nicht. Um einen Kunden zu gewinnen, braucht es vorher X Kontakte. Je kleiner die Variable X ist, desto effektiver funktioniert dein Marketing- und Vertriebsprozess. Der gesamte Vertriebsprozess gleicht einem Trichter, in dessen Öffnung viele Interessenten hinein- und am Ende einige Kunden herauskommen. Das Ganze nennt sich Sales-Funnel, also Verkaufstrichter. Das Ziel heißt, alle potenziellen Kunden so zu selektieren, dass ein möglichst großer Anteil davon erfolgreich mit dir Geschäfte macht. Wer sich die einzelnen Schritte dieses Vorgangs bewusst macht, versteht den Vertriebsprozess und kann ihn zu seinem Vorteil beeinflussen. Deshalb möchte ich die vier Phasen des Sales-Funnels genauer beleuchten.

Abbildung 34: Der Sales-Funnel

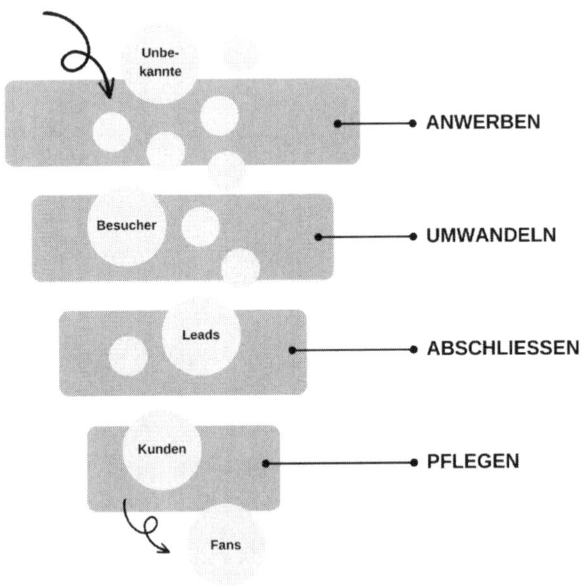

1. In der ersten Phase geht es um das Anwerben, also darum, potenzielle Kunden zu erreichen und diese beispielsweise zu einem Besuch auf deiner Webseite zu bewegen. Als Mittel dazu können Werbekampagnen, Suchmaschinenoptimierung oder Social-Media-Aktivitäten dienen. So erreichst du eine möglichst große Zahl unqualifizierter Besucher, die du am Einlass des Trichters akquirierst. Aus dem Unbekannten ist ein Besucher geworden.

2. In der zweiten Phase willst du die Interessenten aus den Besuchern herausfiltern und diese in sogenannte Leads, qualifizierte Kontakte, umwandeln. Diese sollen zum Beispiel ihre Kontaktdaten über ein Formular angeben oder einen Termin über die Webseite buchen.

Das schaffst du über interessante Inhalte, die der Lead beispielsweise nach Angabe seiner E-Mail-Adresse erhält. Entscheidend ist eine klare Handlungsaufforderung an den Kunden, der Call-to-Action (CTA), damit dein Besucher tatsächlich mit dir in Kontakt tritt.

3. In der dritten Phase geht es um eine Intensivierung des Kontakts und die Bedarfsanalyse. In dieser Phase verkleinert sich der Trichter und es fallen Leads weg, die keinen konkreten Nutzen in deinen Produkten oder Dienstleistungen sehen. Fällt die Bedarfsanalyse positiv aus, folgen der Abschluss und damit die Umwandlung des gewonnenen Leads in einen Kunden. Du führst beispielsweise ein Verkaufsgespräch oder stellst eine digitale Abschlussstrecke zur Verfügung, wo dein Kontakt das Produkt selbständig abschließen kann.

4. Der unterste Teil des Trichters dient der Kundenpflege. Du bietest einen überzeugenden Service und der Einmalkunde wird zum Stammkunden und erzählt vielleicht sogar noch anderen Personen von deiner guten Leistung.

Die Funktionsweise des Trichters – in jeder Phase verringert sich die Anzahl der potenziellen Kunden – eröffnet zwei Möglichkeiten zur Optimierung: Erstens spielt die Größe der Öffnung eine wichtige Rolle, mit ihr lässt sich die Anzahl der Unbekannten steigern. Je stärker du Präsenz zeigst, desto mehr Personen und somit auch potenzielle Kunden kannst du erreichen. Die zentrale Aufgabe des Trichters heißt, deine Zielgruppe sehr genau herauszufiltern. Daher ist es im zweiten Schritt notwendig, die Anwerbe-, Umwandlungs- und Abschlussphase zu optimieren.

Du solltest deine potenziellen Kunden so zielgerichtet wie möglich ansprechen und damit die tatsächlich Abschlusswilligen selektieren. Ein Mittel dazu heißt, den Sales Funnel im Hinblick auf dein Geschäft und deine Zielgruppe anzupassen. Dieses Prinzip gilt für den klassischen Vertriebsprozess genauso wie für das Onlinemarketing. Wie gut diese Mechanismen bei dir funktionieren, hängt von der praktischen Umsetzung dieser Grundlagen ab. Die beste Anzeige auf Social Media bringt wenig, wenn sie von einem nichtssagenden Profil kommt, und das E-Mail-Marketing wird vermutlich ins Leere laufen, wenn keine spezielle Software dahintersteht oder das Ganze nur einmal pro Jahr erfolgt. Ich betone diese Grundlagen deshalb, weil meine Erfahrung ganz klar zeigt, dass sie häufig unbeachtet bleiben. Es wird viel Aufwand mit einzelnen Maßnahmen betrieben, diesen fehlt jedoch der ganzheitliche Blick.

Denke über Optimierungsstrategien nach

Hast du die beschriebenen Grundlagen geschaffen, existieren mehrere Ansätze zur Steigerung des Marketingerfolgs. Eine davon heißt, möglichst viele Unbekannte zu erreichen – egal ob über Online-, Empfehlungs-, E-Mail- oder Telefonmarketing. Damit das gelingt, ist es ratsam, die Trichteröffnung des Funnels so weit wie möglich zu öffnen, also viele Touchpoints für deine Zielgruppe zu schaffen, über die deine Interessenten in den Funnel gelangen können. Wer online Kunden gewinnen möchte, braucht eine zielgruppengerechte Kundenansprache. Klar hilft es, in Maßnahmen für die Suchmaschinenoptimierung zu investieren und damit weiter oben in den Google-Resultaten zu erscheinen. Möglich sind auch bezahlte Werbekampagnen (Paid Ads) oder Social-Media-Aktivitäten. Eine extrem wichtige Rolle spielen natürlich deine Inhalte. Die Verbesserung der Inhalte kann massiv den Traffic erhöhen, aber vernachlässige dabei nicht deinen Qualitätsanspruch. Wer beispielsweise nur einmal pro Monat einen Newsletter verschickt, wird nur langsam Besucher ansprechen. Stell dir zudem die Frage, wo der Bedarf deiner Zielgruppe liegt. Wer eine Lösung der existierenden Probleme verspricht, animiert Menschen zur Kontaktaufnahme. Attraktiv sind außerdem kostenlose E-Books, die der Besucher sich, gegen Abgabe seiner Kontaktdaten, herunterladen kann. Unter jeden Inhalt gehört ein attraktiver und zum Klick animierender CTA-Link (Call-to-Action), der den Nutzer direkt auf die passende Unterseite deiner Webseite leitet.

Ein weiterer Ansatz zur Optimierung heißt, mehr Leads in Kunden umzuwandeln. Diesen unterstützt du ebenfalls durch einfache Kontaktmöglichkeiten oder eine niederschwellige Möglichkeit zur direkten Terminbuchung. Denke auch daran, dich nach einer Kontaktaufnahme oder Terminanfrage zeitnah zu melden und beispielsweise eine Vorqualifizierung durchzuführen. Hier stellen sich Fragen wie nach Verbesserungen des Verkaufsprozesses, attraktiveren Services oder gefragteren Produkten. Es geht vor allem darum, mit einer überzeugenden Leistung zu punkten – du kennst bereits meine Erfahrung, dass eine starke Dienstleistung das beste Marketing für dein Unternehmen darstellt. Dazu gehört ebenfalls, ein überzeugendes Onboarding für Neukunden zu gestalten. Kannst du in dieser Hinsicht punkten, verbesserst du das Verhältnis zu deinen Kunden und damit in den meisten Fällen auch deinen unternehmerischen Erfolg.

Deine Kunden wollen es doch auch

Meiner Erfahrung nach gehen viele Makler und Vermittler davon aus, dass ihre Kunden weiterhin die klassischen Kontakt-, Vertriebs- und Abschlusswege bevorzugen und die eher digital Orientierten eine Minderheit darstellen. Diese Vorstellung trügt, denn die Digitalisierung ist bei den meisten Menschen längst angekommen. Sie nutzen seit vielen Jahren Onlinebanking und -shopping, sie vereinbaren Arzttermine und machen Reservierungen vorzugsweise online. Selbst gute Handwerker verschicken heute Terminerinnerungen per SMS. Fast jeder ist an diese Prozesse gewöhnt und noch wichtiger ist, dass wir sie schätzen gelernt haben. Warum sollten ausgerechnet Makler oder Vermittler davon ausgenommen sein? Wer klickt seinen Arzttermin gerne online an, vereinbart das Gespräch über eine neue BU dagegen lieber per Telefon? Ich kenne niemanden. Vergleiche dieses Prinzip mit Amazon oder Zalando. Dort weißt du stets, in welcher Phase sich deine Bestellung gerade befindet, und diese Transparenz sollten Makler ebenfalls bieten. Auch wenn die Buchbestellung ein gänzlich anderes Feld ist, die Erwartungen unserer Kunden werden durch die Platzhirsche aus dem Silicon Valley geprägt.

Wer Erfolg haben will, muss sein Geschäft weiterentwickeln und an die Erwartungen der Menschen anpassen. Meine dringende Bitte lautet: Verbinde deinen klassischen Service und dein profundes Versicherungs-Know-how mit digitalen Tools im Vertrieb. Diese Kombination schafft die Basis für zukünftigen Erfolg im Markt. Und deshalb sollte die Digitalisierung die komplette Customer Journey umfassen; beginnend mit Erstkontakt und Terminvereinbarung, über das

Beratungsgespräch, bis hin zum Abschluss und weiteren Kundenservices. Für Cross-Selling, Schadenprozesse und die Vertragsverwaltung existieren ebenfalls digitale Tools, die deinen Vertrieb voranbringen und die Prozesse des Kunden erleichtern. Falls doch mal ein Kunde explizit auf papierhafte Abläufe besteht, kannst du dieser Bitte entsprechen. Der Standard sollte jedoch digital aussehen und daran wird sich nichts mehr ändern. Das Internet geht nicht mehr weg!

Welche Prozesse du digitalisierst und wie deine konkreten Angebote aussehen, richtet sich selbstverständlich nach Geschäftsmodell und Zielgruppe. Es gibt hier keinen Industriestandard. Diese Einschränkung darf jedoch nicht als Ausrede dienen! Oft höre ich, "eine Kunden wollen das nicht." und damit eine perfekte Begründung dafür, alles so zu lassen, wie es ist. Doch leider äußern sich die wenigsten Menschen explizit und kaum einer fragt zum Beispiel nach einer Online-Schadenmeldung. Im Zweifelsfall erfährst du erst vom Wunsch, wenn der Kunde zum Mitbewerber wechselt, weil er dort digitale Services vorfindet. Dann ist es zu spät. Lass also deine Kunden entscheiden! Deshalb solltest du Entwicklungen frühzeitig erkennen und nicht erst aufspringen, wenn sie im Mainstream angekommen sind. Starke Marktteilnehmer und gute Unternehmer zeichnet aus, Trends frühzeitig mitzuprägen und damit auch Wachstumspotenziale auszuschöpfen. Schließlich wollen wir nicht stagnieren, sondern wachsen.

Vertriebstrick: Die Bedingungen der Zufriedenheit

Gerade zu Beginn eines Beratungsgesprächs kommt es darauf an, Vertrauen aufzubauen und auch Verbindlichkeit herzustellen. Deshalb habe ich mir schon am Anfang meiner Vertriebstätigkeit angewöhnt, nicht mit der Höhe der Leistungen, dem Verdienst oder anderen Details einzusteigen. Zunächst frage ich immer, was ich tun muss, damit mein Gegenüber mit mir und meiner Leistung zufrieden ist. Ergebnis: Fast jeder reagiert überrascht, diese Frage hat er noch nie gehört. Nach einer kleinen Pause beginnen die Kunden jedoch zu erzählen. Ich frage gezielt nach, gebe den Leuten Zeit und schreibe alles mit. Ganz wichtig ist es, den Kunden reden zu lassen. Gib ihm Zeit!

Nun kenne ich die Bedingungen der Zufriedenheit des Kunden und kann versichern, dass ich sie bestmöglich erfülle. Der Trick: Es entsteht eine gewisse, moralische Verpflichtung. Denn ich kann darum bitten, dass wir miteinander ins Geschäft kommen, wenn ich die zuvor festgelegten Bedingungen erfülle. Warum soll ich umfangreiche Angebote kalkulieren, wenn der Kunde gar nicht bei mir abschließen will? Sehr gute Erfahrungen habe ich außerdem damit gemacht, dieses Thema mit positiven Bewertungen zu verknüpfen. Schließlich liegt es nahe, dass der Kunde seine Zufriedenheit auf Google oder ProvenExpert zum Ausdruck bringt. Auch wenn es dich vielleicht nervt: Kundenbewertungen sind wichtig bei der Onlineberatung, deshalb baue ich sie von vornherein mit ein.

Kundentermine bis zum Abwinken

Die meisten Makler oder Vermittler wünschen sich einen prall gefüllten Terminkalender. Diese Beratungstermine bilden einen Schlüssel des Erfolgs, sie generieren Abschlüsse und letztlich auch Erträge. Je mehr Termine, desto besser die Chancen. Optimale Resultate erzielst du, indem du das Ganze auf Autopilot stellst. Denn was machst du üblicherweise jeden Tag? Aus deinem CRM-System suchst du die vielversprechenden Kontakte heraus – im Regelfall sind das VIP- oder A-Kunden. Diese rufst du an oder schickst eine E-Mail und vereinbarst zum Beispiel ein Jahresgespräch. Darin klärst du, ob die Risiken angemessen abgesichert sind und ob das Preis-/Leistungsverhältnis passt. Dieser gesamte Prozess erfordert viel Aufwand, vielleicht ist sogar das Sekretariat eingebunden. Für die B- und C-Kunden bleibt in der Regel wenig Zeit, diese müssen sich bei Bedarf eigenständig melden und vielleicht verschickst du noch Weihnachts- oder Geburtstagsgrüße. Wer wachsen möchte, denkt daher meist an Neukunden. Aus meiner Erfahrung ist dieser Ansatz jedoch zu teuer und ineffizient. Wesentlich besser ist es, den Bestand strategisch und die existierenden Kundenbeziehungen für Mehrgeschäft zu nutzen. Wenn du erfolgreich mit deinem Bestand arbeitest, kannst du im nächsten Schritt noch stärker mit Neukunden wachsen.

Die Anzahl der Termine lässt sich meiner Erfahrung nach mit Hilfe eines digitalen Kundenmanagementsystems steigern. Ob du dazu dein E-Mail-Marketingprogramm nutzt oder dein Maklerverwaltungsprogramm, hängt von deinen Rahmenbedingungen ab.

Auf jeden Fall kannst du deine Termine auf Autopilot vereinbaren und beispielsweise übers Jahr verteilt automatisch deine Bestandskunden anschreiben. Mit einer Nachricht lädst du deine Kunden zum Jahresgespräch ein. Wähle die Frequenz einfach so, dass dein Terminkalender stets voll ist! Es bieten sich immer wieder Gelegenheiten zur Kontaktaufnahme. Vielleicht spricht ganz Deutschland gerade über Naturkatastrophen? Eine passende Gelegenheit für einen Check der Gebäudeversicherung. Und wenn du keinen aktuellen Anlass hast, gilt ein Grundsatz:

Schaffe Vertriebsanlässe!

Hier ist Fantasie gefragt und wenn kein akuter Beratungswunsch existiert oder der aktuelle Aufhänger fehlt, müssen wir selbst aktiv werden. Hier sind einige Ideen:

- Jahresgespräch
- Kostencheck
- Fördercheck
- Bedingungsupdate
- Servicecheck
- Längere Inaktivität
- Jubiläumsmail
- Empfehlungsmail

Oft ergeben sich derartige Gelegenheiten aus der Kundenhistorie heraus und ein Blick in dein MVP oder CRM zeigt, wo der Bedarf liegen könnte. Mit Hilfe solcher Informationen ist es ein Leichtes, die identifizierten Kunden anzuschreiben. Zudem entstehen per E-Mail oder Messenger kaum Kosten und du kannst den Empfängern sogar die Auswahl über die Art des Termins anbieten – will der Kunde ins Büro kommen, wünscht er ein Telefonat oder eine Onlineberatung? Diese gesteigerte Kontaktfrequenz erhöht die Kundenbindung und beschert gleichzeitig wertvolle Vertriebspotenziale.

Viele Mailings werden in einem regelmäßigen Turnus versendet – etwa monatlich oder vierteljährlich. Wer gerade damit beginnt, sollte sich keinen unnötigen Druck aufbauen und die Frequenz langsam steigern. Denkbar sind zudem Nachrichten als Follow-up nach Beratungsgesprächen und Abschlüssen oder auch als Sales-Letter, um beispielsweise Produktneuheiten bekanntzumachen. Darüber hinaus bieten sich noch weitere Gelegenheiten zum Versand von E-Mails, angelehnt an festgelegte Zeitpunkte im Kundenlebenszyklus. Viele davon lassen sich sogar automatisieren, angestoßen durch die im Kalender vermerkten Termine.

Andere Anlässe findest du zudem beim Googeln – aus der Versicherungswirtschaft kommen immer wieder interessante Beiträge. Wer seine Bestandskunden bei derartigen Gelegenheiten kontaktiert und vielleicht sogar noch ein Terminbuchungstool auf der Webseite anbietet, sorgt für einen gefüllten Kalender über das gesamte Jahr hinweg. Und du kennst den Zusammenhang: Viele Termine verhelfen dir letztlich zu mehr Umsatz.

Digitale Terminvereinbarungstools

Bei diesen Kontakten solltest du auf jeden Fall einen automatisierten Workflow integrieren. Es kommt bei der Terminvereinbarung darauf an, die nötigen Prozesse so einfach und effektiv wie möglich zu gestalten. Egal ob es um Offline- sowie Onlineberatung geht oder um Gespräche mit potenziellen Mitarbeitern: Schon bei der Terminvereinbarung kann Technik helfen. Sehr hilfreich sind digitale Terminvereinbarungstools, sie sorgen für die vollautomatische Integration dieser Termine in deinen Kalender – etwa wenn sich potenzielle Kunden über eine Landingpage selbst eintragen können. Dazu kannst du unterschiedliche Wege anbieten:

- Terminbuchung auf Webseite
- Link in E-Mail
- Newsletter zum Jahresgespräch
- Terminexperten im Call Center
- WhatsApp

Ein passendes Terminbuchungstool verbessert deinen Kundenservice und vereinfacht aufwändige Abstimmungsprozesse. Was für dich in Frage kommt, hängt von deinen Einsatzszenarien sowie deiner Softwarelandschaft ab. Selbstverständlich behältst du die Hoheit über deinen Kalender, denn ein gutes Tool gestattet es, dass du nur die Zeitslots freigibst, die verfügbar sind. So bietest du einerseits einen bequemen Self-Service für deine Kunden, andererseits bleibst du flexibel und kannst die Arbeit nach eigenen Vorstellungen einteilen. Zum Schluss noch ein wichtiger, allgemeiner Tipp: Vergiss nicht, stets Terminbestätigungen zu versenden! Die meisten Lösungen machen dies eigenständig, du musst es nur einstellen.

Mit den richtigen Prozessen und passenden Tools lässt sich außerdem die gesamte Prozesskette professionalisieren. Sie verschicken beispielsweise automatische Bestätigungen oder Erinnerungen kurz vor dem Termin. Dadurch erhöht sich die Termintreue, Kunden sagen seltener ab. Sie könnten diese im Zweifelsfall über deine Webseite sogar selbst verschieben. Doch damit nicht genug. Die automatisierte Terminbuchung kannst du mit weiteren Schritten verbinden. Vielleicht bedankst du dich im Nachgang automatisch und integrierst eine Einladung zu einer Bewertung. So stärkst du gleichzeitig dein Marketing – mehr Bewertungen verbessern die Neukundengewinnung. So hängt eines mit dem anderen zusammen und wer konsequent die Möglichkeiten der Digitalisierung nutzt, erschließt ganz nebenbei Zusatzpotenziale.

Struktur im Verkaufsgespräch

Wahrscheinlich trete ich niemandem zu nahe, wenn ich behaupte, dass Beratung meistens aus dem Bauch heraus funktioniert. Mit jahrelanger Erfahrung gehen Makler und Vermittler sehr sicher in ihre Gespräche und es hat sich ein eingespielter und erfolgreicher Ablauf etabliert. Hier lauert jedoch ein Problem: Selbst wenn es gut läuft, weißt du nicht, ob und wie es besser laufen könnte. Mein Rat lautet daher, Beratung zu strukturieren. Denn nur so lassen sich gut oder weniger gut funktionierende Muster identifizieren. Existiert ein gleichbleibender Ablauf vom Beginn der Beratung bis zum Abschluss, kannst du gezielt Punkte anpassen und die Wirkung testen. Verändern sich dadurch Qualität, Dauer, Gesprächs- atmosphäre oder Abschlussquote der Beratung? Gehst du dagegen immer nach Gefühl vor, fehlt dir die Basis für die Erfolgsmessung. Schaff dir also eine Struktur! Und obwohl Makler und Vermittler oftmals sehr individuelle Lösungen verkaufen, ist Standardisierung auch hier ein Schlüssel zu mehr Erfolg. Diese braucht nicht bis ins letzte Detail zu gehen, eine grobe Marschrichtung reicht. Das folgende Schema zeigt einen möglichen, standardisierten Ablauf.

Abbildung 35: Struktur im Verkaufsgespräch

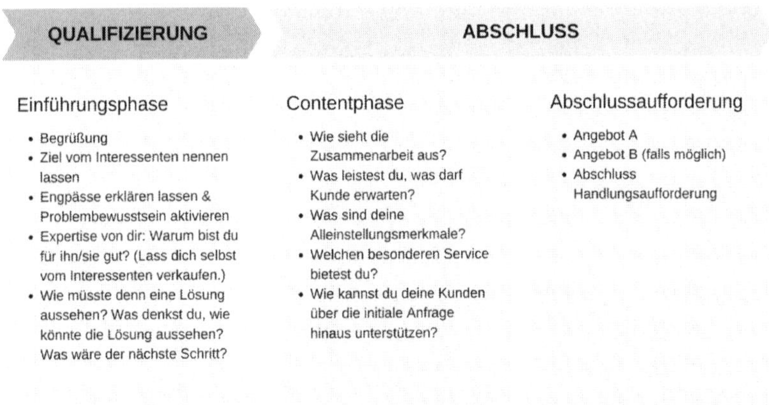

Onlineberatung

Ob im Büro, beim Kunden zuhause oder über den Bildschirm: Beratung kann auf vielen Wegen erfolgen. Aus meiner Sicht solltest du die Kunden darüber entscheiden lassen. Biete einfach die Möglichkeiten an, die für die konkrete Situation sinnvoll erscheinen. Du wirst schnell merken, dass die Onlineberatung oft den Vorzug erhält. Man vermeidet Wege, ist flexibler, steht nicht im Stau und so weiter. Diese Präferenz hat sich seit Corona nochmals verstärkt, jeder Unternehmer sollte daher die entsprechenden Voraussetzungen schaffen.

Sie bieten uns die Möglichkeit, auch auf Distanz sehr persönlich zusammenzukommen – und dazu noch ausgesprochen sicher und komfortabel. Dieses Zusammenkommen solltest du wörtlich verstehen, denn Onlineberatung unterscheidet sich kaum von der herkömmlichen Beratung vor Ort. Deshalb gelten ähnliche Grundsätze, wie du sie aus deiner täglichen Praxis kennst:

1. Blickkontakt und Körpersprache
   Es klingt banal, aber schaue deinen Kunden bitte immer wieder direkt an. Du musst also in die Kamera blicken und nicht dauernd auf Bildschirm, Schreibtisch oder Ähnliches. Bemühe dich zudem um Haltung, Kleidung und Hintergrund – auch wenn du "nur" vor dem Rechner sitzt. Im Grunde ist es wie im Büro.

2. Strukturierter Gesprächsverlauf
   Überlege dir vorab, worum es gehen soll, und bereite dich vor. Der Kunde sollte immer wissen, wo er sich befindet. Mache deine Struktur vorab transparent.

3. Fachinformationen gemeinsam lesen
   Auf das Wort *gemeinsam* kommt es an. Wie im Büro auch, solltest du Inhalte mit den Kunden zusammen erarbeiten. Dazu gehört zwingend das Teilen des Bildschirms. Du musst bestimmte Fenster oder Programme so freigeben können, dass sie der Kunde sieht.

4. Kunden beteiligen
   Versuche herauszufinden, was dem Kunden wirklich wichtig ist! Stell dir immer die Frage, worauf es dem Kunden ankommt, und konzentriere das Gespräch darauf.

Mit Berücksichtigung dieser Prinzipien schaffst du die Voraussetzungen, dass die Onlineberatung genauso erfolgreich ablaufen kann wie persönliche Termine im Büro. Sie ist ein tolles Tool, deine Kunden müssen jedoch davon erfahren! Dies kann per E-Mail-Newsletter geschehen, durch eine Nachricht über WhatsApp Business oder durch Erwähnung in der E-Mail-Signatur. Auf jeden Fall solltest du die Onlineberatung aktiv kommunizieren. Gute Erfahrungen habe ich auch mit folgendem Trick gemacht: Anstatt Angebote einfach per E-Mail zu verschicken, bitte ich um einen Onlinetermin, bei dem ich das Ganze erläutern kann. Die Abschlusschancen steigen deutlich. Lebe das Thema Onlineberatung! Wenn du es richtig anpackst, verhilft es dir garantiert zu Wachstum.

Die Technik muss stimmen

Neben inhaltlichen Details gilt es auch die technische Seite zu beachten und du benötigst das passende Set-up für die Onlineberatung. Selbstverständlich sind ein Desktop-PC oder Laptop. Achte darauf, dass deine Mitarbeiter und du mit aktuellster Hardware arbeiten, denn sie bilden DAS Werkzeug für deinen Beruf. Ganz wichtig ist ein Headset, es sorgt für freie Hände. Schließlich wollen wir uns auch online Notizen machen, Gedanken grafisch visualisieren oder das Gesagte gestisch untermalen. Außerdem hilft dir ein Headset dabei, die volle Konzentration auf den Kunden zu lenken.

Darüber hinaus brauchst du eine vernünftige Webcam, meist reichen schon die in deinen Rechner integrierten Modelle aus. Denk daran: Du willst online einen guten Eindruck hinterlassen! Deshalb solltest du folgende Punkte beachten:

- Sorge für eine gute und stabile Datenverbindung – die normalen Anschlüsse deines Internetanbieters reichen meist aus.
- Schalte die Benachrichtigungen deines Computers während der Onlineberatung aus – sie stören und lenken ab.
- Achte auf Belichtung und Hintergrund – oft sind Hintergrundbeleuchtungen sinnvoll und du solltest gut im Bild zu sehen sein.
- Sorge für einen guten Ton – nutze ein gutes Mikrofon und vermeide Störgeräusche.
- Bemühe dich um korrekte und wichtige Inhalte – gib keine überflüssigen Fenster frei und achte darauf, dass dein Kunde nur die für ihn bestimmten Inhalte sieht.
- Kommuniziere Emotionen auch per Video – die Verbindung von Bild und Ton gestattet es, lebhaft und persönlich zu beraten.

Dazu solltest du eine passende Software für die Onlineberatung einsetzen. Sie sorgt dafür, dass du dich mit dem Kunden online treffen kannst. Dabei ist es völlig egal, mit welcher Lösung du arbeitest. Zum Beispiel bieten Microsoft und Google passende Services an, aber auch *Zoom* ermöglicht vollwertige Videokonferenzen. Die Programme ähneln sich sehr und die Wahl hängt von deinen Rahmenbedingungen ab. Entscheidend sind aus meiner Sicht die persönlichen Vorlieben und die technischen Voraussetzungen im Büro.

Wer zum Beispiel den Google Workspace einsetzt, wird im Regelfall *Google Meet* für die Onlineberatung nutzen. Mit professionellen Tools wirst du die meisten Kunden problemlos erreichen, obwohl sie, was ihre Technik betrifft, wahrscheinlich einfacher unterwegs sind. Die Technik und Umgebung deiner Kunden spielen selten eine Rolle, denn auch per Smartphone oder Tablet lassen sich problemlos Videokonferenzen abhalten.

Es gehen auch komplexe Themen

Mikrofon und Kamera bringen dich und deinen Kunden in eine echt und unmittelbar wirkende Kommunikation. Damit lassen sich direkte Treffen zwar nicht ersetzen, aber die Potenziale eines Webmeetings sind deutlich höher als die von Telefon, E-Mail oder WhatsApp. Sogar komplexe Themen kannst du sehr gut per Videokonferenz abhandeln. Zudem eignet sich dieser Kanal nicht nur für die Kundenansprache, auch mit Beschäftigten oder Partnern kannst du online kommunizieren – denke an die Jahresgespräche mit deinen Mitarbeitern. Deshalb solltest du die Potenziale nutzen! Hier sind einige davon:

- Bundesweite Beratung
  Deine Kunden können überall sein und auch du könntest sogar von Mallorca aus beraten.

- Mehr Beratungszeit, weniger Fahrzeit, neue Servicezeiten
  Ohne Fahrzeiten benötigen Termine viel weniger Vorlauf und Tagesrandzeiten lassen sich besser nutzen. Auch können Puffer wegfallen.

- Wettbewerbsvorteil
  Die Optimierung von Aufwand und Ertrag senkt die Kosten. So kannst du Wettbewerbsvorteile und einen höheren Ertrag generieren.

Durch die zunehmende Verlagerung auf Onlinekanäle erübrigen sich viele Büroflächen – ein riesiger Kostenfaktor! Schon allein deshalb solltest du deine digitale Infrastruktur fit machen. Dazu kommt: Die meisten Kollegen halten Onlineberatung derzeit noch für überflüssig. Wenn du aber diesen Kanal beherrschst, kannst du enorme Potenziale erschließen. Allerdings erfordert das Medium eine angemessene Vorbereitung. Wer die Basics beachtet, wird die Onlineberatung als vollwertigen Kommunikationskanal schätzen lernen und von den Möglichkeiten profitieren.

Fall nicht auf falsche Mythen rein!

Meiner Erfahrung nach geistern falsche Vorstellungen über die Onlineberatung herum. Immer wieder höre ich Gerüchte von ausgefeilten Beratungstools mit Schiebereglern und allem Schnickschnack, mit denen sich ganz flexibel tolle Angebote zusammenstellen lassen. Aber überleg mal: Hast du Schieberegler und besondere Features in der normalen Beratung? Nein! Und genauso ist es auch online. Du sprichst, hörst zu, machst dir Notizen und am Ende folgt die Unterschrift. Im Kern geht es darum, deinen Kunden mit den vorhandenen Tools und Inhalten gut zu beraten und ihm das passende Angebot zu bieten – offline wie online. Du willst den Kunden sehen und hören und dein Kunde will dich sehen und hören. So einfach ist das!

Übung macht den Meister

Erfolgreiche Kommunikation über Onlinekanäle erfordert spezifische Fähigkeiten und gerade die souveräne Durchführung von Videokonferenzen solltest du trainieren. Du wirst dich nur wohlfühlen und bei Kunden oder Partnern richtig gut rüberkommen, wenn du Sicherheit hast. Dazu gehört Training, du könntest vorher mit Kollegen üben. Dabei kannst du die Technik testen. Hört und sieht dich dein Gegenüber? Hast du unter Kontrolle, wenn dich dein Gesprächspartner nicht sieht? Funktioniert die Bildschirmfreigabe, wenn du beispielsweise Präsentationen teilen oder zeigen willst? Möglichkeiten wie das Zeigen von Angeboten oder die Arbeit mit dem Vergleichsrechner spielen in der Beratung im Büro eine wichtige Rolle – und genauso ist es auch online! Die erforderlichen Klicks und Einstellungen wollen geübt sein, denn wie immer liegt die Tücke im Detail und diese Details sind zunächst einmal technischer Natur.

Digitale Unterschrift

Wer auf eine vollständig digitale Dokumentenverarbeitung setzt und die Onlineberatung praktiziert, kommt um die digitale Unterschrift nicht herum. Denn es wäre schade, einen digitalen Vertriebs- und Beratungsprozess mit einem papierhaften Abschluss zu beenden. Damit produzierst du unnötigen Aufwand und du stellst deine Kunden vor eine zusätzliche Hürde. Viel besser ist es, Maklervertrag, -vollmacht und Versicherungsantrag elektronisch zu unterzeichnen. Dabei ist es egal, ob das Ganze im Büro oder per Onlineberatung stattfindet: Irgendwann möchte (und soll!)

der Kunde abschließen. All das funktioniert mit der digitalen Unterschrift. Im Büro kann die Unterschrift ganz einfach auf einem Tablet erfolgen. Bei einer Onlineberatung verschickst du einen Link per E-Mail oder SMS, der Kunde öffnet das Dokument, prüft es, klickt die markierte Stelle an und unterschreibt dort mit seinem Finger. Die elektronische Unterschrift bietet zudem zwei weitere Vorteile: Der Rücklauf erfolgt deutlich schneller und durch entsprechende Einstellungen im Dokument stellst du sicher, dass keine Unterschriften fehlen.

Befinden sich alle Daten in deinem Computer, kannst du deine elektronische Unterschrift ergänzen, der Vertrag ist rechtsgültig und bereit für die Weiterverarbeitung mit Versand zum Versicherer und der Ablage im Kundenverwaltungssystem. Das wars! Und lass dich bitte nicht von Bedenkenträgern irritieren, die Erfahrung zeigt ganz eindeutig, dass alle erfolgreichen Player, egal ob groß oder klein, mit der digitalen Unterschrift arbeiten. Deshalb solltest du überlegen, wie sich deine Prozesse vereinfachen lassen, du Papier sparen und damit den Umweltschutz vorantreiben kannst. Gleichzeitig bietest du dem Kunden Erleichterung. Wenn alles nahtlos digital abläuft, werden sie sich merken, dass du ein moderner Dienstleister bist, mit dem man gut zusammenarbeiten kann und der vertrauenswürdig ist. Versuche daher stets, deine Prozesse bestmöglich zu gestalten und die Erwartungen deiner Kunden heute und in Zukunft zu erfüllen.

Allerdings brauchst du rechtssichere Abläufe. Angesichts der rechtlichen Bedeutung spielt das Thema Technik eine zentrale Rolle, wenn du mit der elektronischen Unterschrift arbeitest. Deine Tools müssen gut funktionieren und Kunden sowie

Versicherer müssen sie akzeptieren – und im Zweifelsfall auch ein Gericht. Einfaches Handling und Rechtssicherheit sind daher die Hauptkriterien bei der elektronischen Unterschrift. Bei der Auswahl der Anbieter sind verbreitete Standards daher meist die beste Lösung. Wo Zweifel bestehen, kannst du dich bei den jeweiligen Beteiligten erkundigen – zum Beispiel ob Versicherer oder Bank ein Verfahren akzeptieren. Meine Erfahrung zeigt jedoch, dass nur wenige Spezialfälle Probleme bereiten und dafür habe ich mit meinen Kunden zusammen immer entsprechende Lösungen gefunden. Nicht umsonst arbeiten alle großen Vertriebsunternehmen und Versicherer erfolgreich mit der elektronischen Unterschrift.

Praxistrick

Oft liegen Verträge lange beim Kunden und die Unterschrift lässt auf sich warten. Wer täglich nachfragt, geht den Leuten auf die Nerven und erreicht eher das Gegenteil. Viel besser ist es, eine elektronische Erinnerungsfunktion zu nutzen und beispielsweise regelmäßig automatische E-Mails zu verschicken. Diese erfüllen ebenso ihren Zweck, werden aber dem Computer zugeschrieben und nicht der Person im Makler- oder Vermittlerbüro. So lässt sich das Ziel einer guten Absicherung schneller und besser erreichen, ohne selbst aufdringlich zu wirken. Elektronische Abläufe lassen sich in vertrieblicher Hinsicht nutzbringend einsetzen und du schaffst es, dass der Kunde möglichst schnell und gut abgesichert ist.

Kundenberatung aus Mallorca

Unter dem etwas reißerischen Titel verbirgt sich im Grunde das Hauptthema aus diesem Kapitel: die Onlineberatung. Sie ermöglicht ein persönliches Gespräch, ohne sich an einem bestimmten Ort treffen zu müssen. Und selbstverständlich kannst du die Gespräche per Videokonferenz aus deinem Büro führen – oder aus deiner Ferienwohnung auf Mallorca oder von wo auch immer. Und es ist so einfach! Du generierst einen entsprechenden Link in deiner Videokonferenzsoftware, verschickst ihn an den Kunden, beide klicken darauf, Kamera und Mikrofon werden eingeschaltet und schon steht die Verbindung. Die Voraussetzungen dafür bilden natürlich eine funktionierende Technik und das Wissen um die Bedienung. Sind sie gegeben, spielt der Ort keine Rolle mehr. Wer sich voll und ganz auf die Onlineberatung einlässt, kann daher problemlos den deutschen Wintern entgehen und darf als Wohnort künftig Mallorca angeben.

Personal

Fast jedes Unternehmen lebt von seinen Mitarbeitern. Für Makler und Vermittler gilt diese Regel ganz besonders, weil Vertriebserfolg nahezu immer personengebunden ist. Unsere Kunden sind Menschen und wer besser auf ihre Sorgen und Nöte eingehen kann als der Mitbewerber, wird sie erfolgreicher versichern. Unsere Branche braucht daher zwingend gute Leute. Leider lesen wir jedoch immer wieder vom Vermittlersterben und ganz offensichtlich wirkt Versicherungsvertrieb nicht mehr so attraktiv auf junge Menschen, wie es einmal war. Das Thema Personal erhält also nicht von ungefähr großen Raum in diesem Buch. Bei der Betrachtung kommt es mir zudem darauf an, einen umfassenden Blick auf alle Facetten dieses Bereichs zu werfen. Denn eine erfolgreiche Rekrutierung bringt wenig, wenn die neuen Kollegen nach vier Monaten kündigen. So beschränkt sich der Umgang mit Personal nicht auf die Gewinnung, vielmehr braucht es einen differenzierten Prozess von der Rekrutierung über die Bindung bis zum Ausscheiden. Analog zur Customer Journey existiert auch eine Employee Journey. Nur wenn wir alle Phasen in den Fokus rücken und das Thema Personal ganzheitlich betrachten, werden Makler- und Vermittlerbüros an (Arbeitgeber-)Attraktivität gewinnen.

Um die richtigen Kandidaten suchen zu können, solltest du mit Überlegungen zur Frage starten, welcher Personalbedarf überhaupt existiert – jetzt und in Zukunft. Dabei geht es nicht nur um die nackte Anzahl der Leute, sondern ebenso um ihre gewünschten Fähigkeiten und die genauen Arbeitsbereiche.

Von diesen hängt ab, wie die Stellenanzeige aussehen sollte und welche Rekrutierungsstrategien dazu passen. Kurz: Ein hipper Programmierer oder ein junger Vertriebsmitarbeiter wird sicher nicht bei einem altbacken daher kommenden Unternehmen anheuern. Gleichzeitig solltest du dein Unternehmen unter die Lupe nehmen und die internen Voraussetzungen für gutes Personal schaffen. Wenn immer wieder gute Leute kündigen, deutet das auf Probleme hin. Denn das Image ist zwar wichtig für die Außenwirkung und damit auch für die Rekrutierung, letztlich entscheiden aber Unternehmenskultur und Arbeitsbedingungen über deine langfristige Attraktivität als Arbeitgeber. Stelle dir bitte folgende Fragen:

- Was musst du heutzutage bieten, um die passenden Bewerber anzuziehen?
- Welchen Arbeitgeber sucht der ideale Mitarbeiter, in welcher Art Unternehmen möchte er arbeiten?
- Fühlen sich deine Mitarbeiter bei dir wohl?
- Wie möchtest du als Arbeitgeber wahrgenommen werden?
- Wie wirst du tatsächlich wahrgenommen und welches Image strahlst du als Arbeitgeber aus?
- Wie kannst du die Mitarbeiterbindung stärken?

Mitunter können ehrliche Antworten auf diese Fragen das Selbstbild eines Unternehmers erschüttern. Diese Situation mag zwar schmerzhaft sein, trägt aber zu einem positiven Wandel bei. Für mich war immer klar: Wenn ich merke, dass es irgendwo hakt, verbessere ich die Situation. Die Pandemie erschwert Präsenzarbeit? Das war auch bei mir so und deshalb setze ich voll auf die digitale Zusammenarbeit.

Neues Personal einstellen ohne ein physisches Kennenlernen im Bewerbungsprozess? Das geht! Einige meiner Beschäftigten kenne ich nur vom Bildschirm. Vor allem in unserer Branche, die keine physischen Produkte herstellt und in der wir keine Dinge über den Ladentisch reichen müssen, haben wir alle Möglichkeiten. Lass uns daraus Vorteile ziehen! Wenn es dir in deiner individuellen Situation schwierig vorkommt, solltest du bei anderen Unternehmen schauen. Was macht dein Mitbewerber besonders gut? Welche Inspirationen bieten andere Branchen? Der Blick über den Tellerrand kann wertvolle Hinweise bieten. Und denk bei deinen Überlegungen nicht nur an konkrete Vakanzen. Wie wäre es, einen Bewerberpool aufzubauen, auf den du bei Bedarf zurückgreifen kannst? Dieser erleichtert es dir in Zukunft, wenn du Bedarf hast.

Lass dich nicht anlügen

Gerade unsere Branche ist oftmals sehr hierarchisch aufgebaut und diese Struktur wird auch so gelebt. Der große Nachteil: Wo Mitarbeiter und Chefs nicht auf Augenhöhe kommunizieren, halten sich die Leute mit ihrer ehrlichen Meinung zurück. Oder ganz böse ausgedrückt: Viele Vorgesetzte wollen nur Zustimmung hören, daher werden sie angelogen. So laufen beispielsweise unsinnige Prozesse jahrelang, obwohl jeder außer dem Chef den Kopf schüttelt. Die Folge ist eine innere Kündigung oder der Mitarbeiter verlässt das Unternehmen tatsächlich. Deshalb pflege ich eine einfache Devise: Bei mir gibt es keine Mitarbeiter, sondern Kollegen. Wir sind ein Team!

Natürlich kann und muss es meist auch Führungskräfte geben. Aber alle verfolgen das gleiche Ziel und kommunizieren auf Augenhöhe.

Wenn du nicht angelogen werden willst, musst du Menschen einstellen, die besser sind als du! Ist dies nicht der Fall, kannst du gleich alles selbst machen. Suche dir Kollegen, die in ihrem Fach top sind und von denen du etwas lernen kannst. Und damit einher geht die Übernahme von Verantwortung. Denn wer eine Tätigkeit besser beherrscht als du, kann und darf sie auch verantworten. Damit sorgst du nebenher noch für Motivation bei dieser Person und eröffnest Wachstumspotenziale, die weit über deine Möglichkeiten hinausgehen. So lassen sich Verbesserungspotenziale heben! Gleichzeitig entsteht eine Kultur der Gleichberechtigung und du erhältst ehrliches Feedback zur Unternehmensentwicklung und den Prozessen. Hast du eine dumme Idee, sollten deine Mitarbeiter das sagen dürfen. Fordere diese Rückmeldung aktiv ein!

Warum Mitarbeiterbindung günstiger ist als Mitarbeitergewinnung

Personalbedarf resultiert meist aus Wachstum, wir kommen mit der Arbeit nicht mehr nach. In diesem Buch zeige ich dir viele Ansatzpunkte, bei denen Technik Aufgaben übernehmen kann und Neueinstellungen somit überflüssig werden. Trotzdem kommt es immer wieder zu Personalbedarf, weil Mitarbeiter gehen. Deshalb solltest du auch beim Thema HR an den effektivsten Hebel denken, den du aus dem Vertrieb kennst: Es ist viel billiger, Bestandskunden anzusprechen, als Neukunden zu gewinnen.

Aus meiner Sicht verdient die Mitarbeiterbindung daher die gleiche Aufmerksamkeit wie die Bestandskundenpflege. Das gilt umso mehr, weil Personalbedarf ganz häufig aus Abgängen resultiert – und diese solltest du vermeiden!

Wer Mitarbeiter besser bindet, ein flexibles und modernes Arbeitsumfeld schafft, sie vielleicht besser bezahlt und eine Perspektive bietet, kann sie länger halten. Diese Möglichkeiten lassen sich leicht umsetzen. In vielen Büros fehlt jedoch die dafür nötige, offene Kommunikation. So gehen die Beschäftigten meiner Erfahrung nach oft davon aus, dass Wünsche ohnehin ungehört verhallen. Erhalten sie ein besseres Angebot, sind sie schnell weg und der Arbeitgeber leidet unter einem hohen Aufwand für die Neubesetzung. Gerade kleineren Unternehmen mangelt es an Rekrutierungsroutine. Dazu kommen entgangene Umsätze und Kosten für die Einarbeitung neuer Mitarbeiter. Die Folge: Es vergehen sechs bis neun Monate, bis der neue Kollege produktiv ist.

Selbst ein dicker Aufschlag auf das Gehalt der vorhandenen Mitarbeiter ist billiger als der Aufwand für die Neubesetzung aufgrund von Abgängen. Und es muss gar nicht immer mehr Geld sein! Gib deinen Mitarbeitern neue Möglichkeiten, mehr Verantwortung und mehr Entwicklungsperspektiven. Diese "weichen" Faktoren wirken sich stärker aus, als du denkst. Ohnehin kann es sich niemand auf Dauer leisten, wenn ihm die guten Leute nacheinander abhandenkommen. Das darf bei dir nicht passieren! Dazu kommt: Bei einem Unternehmen mit schlechter Stimmung will kein neuer Kollege anfangen – auch wenn du nach außen ein tolles Image pflegst.

Viel besser ist es, gute Arbeitsbedingungen zu schaffen, deine Mitarbeiter konsequent weiterzuentwickeln und dann vom dadurch möglichen Wachstum zu profitieren.

Moderne Mitarbeitergewinnung

Bei Gesprächen mit Maklern und Vermittlern höre ich immer wieder das Gleiche: Wir finden kein geeignetes Personal und vor allem bei jungen Mitarbeitern oder Auszubildenden tun wir uns sehr schwer. Allerdings kommt bei Nachfragen meist heraus, dass keine großen Bemühungen stattfinden. Offensichtlich hat sich bei der Personalrekrutierung kaum etwas geändert in den letzten 20 Jahren. Deswegen wundert mich der Misserfolg nicht, Schema F reicht in der heutigen Zeit nicht mehr aus. Wir haben es mit einem Bewerbermarkt zu tun! Gerade gute Leute können sich ihre Jobs aussuchen. Wer die heute gesuchten Stärken mitbringt und beispielsweise eine Affinität zur Digitalisierung und ein positives Mindset besitzt, kann Ansprüche stellen. Jeder Makler und Vermittler muss sich daher überlegen, wie er diese Menschen anspricht.

Doch die Voraussetzungen für eine erfolgreiche Ansprache sind gegeben! Gerade unsere Branche verfügt über ein sicheres Geschäftsmodell und kann mit attraktiven Konditionen punkten. Kaum einer schafft es, diese Stärken am Bewerbermarkt zu zeigen. Dazu kommt, dass die "weichen" Faktoren in den Vordergrund gerückt sind. Ein gutes Gehalt spielt zwar weiterhin eine wichtige Rolle, daneben erwarten potenzielle Mitarbeiter Flexibilität, ein modernes Arbeitsumfeld und flache Hierarchien. Diese zu bieten, reicht aber immer noch nicht. Es braucht entsprechende Kommunikationsfähigkeiten, um diese nach außen zu vermitteln. Wie ich vielfach die richtige Kundenansprache in unserer Branche vermisse, funktioniert auch die Kommunikation zu potenziellen Mitarbeitern kaum. Frage dich also bitte:

- Wie kannst du deine Attraktivität richtig kommunizieren?
- Was erwarten neue Kolleginnen und Kollegen?

Wenn ich mit den Top-Bewerbern spreche, höre ich immer ähnliche Antworten. Sie erwarten ein zeitgemäßes Arbeitsumfeld mit moderner Technik. Das Kernthema dieses Buches – die Digitalisierung – zahlt daher entscheidend auf deine Attraktivität als Arbeitgeber ein. Bist du digital unterwegs, spiegelt sich das in deinem Image. Du kennst die Grundlagen dafür bereits aus dem Kapitel *Technologien sehen heute anders aus*. Aus diesem weißt du, dass die richtige Auswahl der Tools auch ein Stück weit über die Attraktivität am Bewerbermarkt entscheidet: Wenn du modern unterwegs bist, ziehst du junge und innovative Köpfe für dein Unternehmen an. Und diese braucht es meiner Erfahrung nach, um jüngere Zielgruppen erfolgreich ansprechen zu können – Stichwort Onlinemarketing. Ein gutes Arbeitsumfeld spielt hier eine wichtige Rolle. Und denk immer daran: Du willst etwas von den Leuten!

Mitarbeiter = Kunde

Mitarbeiter zu rekrutieren ist letztlich wie Neukundenakquise. Du musst dir überlegen, wen du gewinnen möchtest, welche Eigenschaften und Expertise diese Person mitbringen soll und welche Art der Ansprache dich zum Erfolg führt.

Und du darfst nicht vergessen, dass die Kommunikation heute vor allem über elektronische Kanäle läuft. Und diese verfügen über den großen Vorteil, sehr zielgenau vorgehen zu können. Dazu musst du deine Zielpersonen allerdings genau definieren und deine Angebote, Argumente, Formate und auch die Kanäle daraufhin optimieren. Wer nach dem Prinzip Gießkanne agiert, wird viel Geld verschwenden und im Zweifelsfall ohne Erfolg bleiben. Deshalb solltest du zunächst intern die Hausaufgaben machen. Wer gut aufgestellt ist, wird deutlich leichter Personal finden und halten.

Eine weitere Parallele zum Kundenmarketing bietet die Eingrenzung möglicher Mitarbeiter. Denn auch im Bereich HR musst du dir die Frage stellen, welche Kandidaten du ansprechen möchtest. Aus dem Kapitel *Wer ist dein Typ?* kennst du bereits ein sehr hilfreiches Konzept, das Persona-Modell. Stell dir potenzielle Kollegen daher genau vor und überleg dir, welche Interessen, Erfahrungen und Ziele sie haben. Vergiss nicht Hobbys und private Einstellungen. Denn angesichts des Fachkräftemangels musst du Kandidaten aktiv ansprechen und bei Tausenden von Profilen bei LinkedIn oder Xing solltest du genau wissen, wer in Frage kommt. Hast du diese Person vorher eingegrenzt, verläuft die Suche deutlich effizienter. Zudem reicht es heute nicht mehr, einfach eine Stellenanzeige zu platzieren und diese modern zu gestalten. Wer Erfolg bei der Rekrutierung haben möchte, sollte das Personalmanagement umfassend betrachten.

Du brauchst eine ganzheitliche Sicht

Ein erfolgreiches Bewerbermanagement beginnt nicht erst mit dem Erhalt der Bewerbung. Vielmehr solltest du den Gesamtprozess im Blick behalten, den ein Bewerber durchläuft. Diesen bezeichnet man – analog zur Customer Journey – auch als Candidate Journey.

Abbildung 36: Candidate Journey

Nicht von ungefähr erinnert diese Abbildung an den aus dem Vertrieb bekannten Sales-Funnel. Auch bei der Rekrutierung soll oben viel hineinkommen und dann verengt sich dieser Trichter, bis du am Ende deinen perfekten Mitarbeiter gefunden hast. Die Candidate Journey beginnt mit dem Erzeugen von Aufmerksamkeit, geht über Konzeption und Platzierung der Stellenanzeige, der Gestaltung von

Bewerbungsformularen bis zur Bindung von Bewerbern und schließlich zur Identifikation von Optimierungspotenzialen des Gesamtprozesses. Und denk daran: Das Gesamtkonzept zählt, ein bisschen hier und da reicht nicht aus.

- **Aufmerksamkeit**
  Potenzielle Bewerber müssen zunächst auf dich aufmerksam werden. Daher solltest du auf Arbeitgeberportalen, (Job-)Suchmaschinen und gegebenenfalls auf Social Media zu finden sein. Präsenz wird positiv bewertet!

- **Stellenanzeige**
  Hier geht es um Antworten auf die Frage, wo deine potenziellen Bewerber überhaupt nach Stellenanzeigen suchen und wie diese aussehen müssen. Es muss sich nicht immer um die klassischen Portale handeln, Leute lassen sich beispielsweise auch über Social Media oder deinen Newsletter ansprechen.

- **Bewerbung**
  Auch der Aufbau der Bewerbung selbst spielt eine wichtige Rolle, hier braucht es zum Beispiel ein speziell auf deine Zielgruppe zugeschnittenes Formular.

- **Absenden**
  Nachdem potenzielle Bewerber auf dich aufmerksam geworden sind und das Formular ausgefüllt haben, müssen sie es auch absenden und danach sollte es bei dir an der richtigen Stelle landen.

- **Hire**
  Das Einstellen neuer Mitarbeiter steht am Ende der Candidate Journey.

Es wird dir wenig helfen, wenn du nur einen Punkt richtig gut machst. Erfolg hast du meiner Erfahrung nach nur, wenn der Gesamtprozess stimmt. Damit gleicht die Candidate Journey der Customer Journey. Auch Kunden gewinnst und bindest du nur dann dauerhaft, wenn du ganzheitlich alle Aspekte der Beziehung beleuchtest und optimierst. In Bezug auf Bewerber gibt es unterschiedliche Möglichkeiten, um den Prozess zu optimieren. Viele davon eignen sich auch für kleinere Unternehmen.

1. **Anonyme anziehen**
   Zu Beginn des Bewerbungsprozesses geht es darum, potenzielle Kandidaten auf dich aufmerksam zu machen und einen ersten Kontakt herzustellen. Dabei helfen unterschiedliche Strategien:

   a. Auffindbarkeit auf Bewerberportalen
   b. Auffindbarkeit bei Suchmaschinen wie Google und Jobbörsen
   c. Präsenz auf Social Media – potenzielle Bewerber informieren sich dort

2. **Besucher begeistern**
   In dieser Phase geht es darum, anonyme Besucher dazu zu bewegen, die Kontaktdaten zu hinterlassen. Du und dein Unternehmen müssen gut ankommen.

   a. Deine Karriereseite sollte Besucher so begeistern, dass sie ihre Kontaktdaten dalassen.

   b. Stelle die wichtigsten Konvertierungsinhalte zur Verfügung wie Job-Agent, Job-Newsletter und Downloads.

3. **Unentschlossene überzeugen**
   Hast du einen Besucher als Lead identifiziert, musst du ihn von dir als Arbeitgeber überzeugen! Gute Dienste leisten dabei Newsletter, die Interessenten regelmäßig erhalten.

   a. Überzeugende Inhalte im Newsletter können Interessierte zu Bewerbern konvertieren.
   b. Wichtig ist auch, Leads zielgruppengerecht zu segmentieren und passend anzusprechen.

4. **Gute Kandidaten gewinnen**
   Du hast einen Kandidaten von deinem Unternehmen und der Stelle überzeugt, nun muss er sich nur noch bewerben. Dazu braucht es die richtige Motivation.

   a. Schlanke, moderne und digitale Prozesse animieren Kandidaten zur Bewerbung.
   b. Mit Hilfe von Job-Benachrichtigungen kannst du über Vakanzen informieren.

Deine Marke als Arbeitgeber

Wie potenzielle Bewerber dein Unternehmen und das dazugehörige Arbeitsumfeld wahrnehmen, spielt eine entscheidende Rolle für deinen Erfolg bei der Rekrutierung. Deshalb solltest du stets darüber nachdenken, wie du dich bestmöglich präsentieren kannst. Dein Image zählt! Nicht umsonst läuft dieses Thema unter dem Begriff Employer Branding, du musst dich mit Hilfe geeigneter Marketingkonzepte als attraktive Arbeitgebermarke positionieren. Das Ziel heißt, geeignete Mitarbeiter anzusprechen, zu gewinnen und langfristig zu halten. Der Prozess sieht wie folgt aus:

Abbildung 37: Der Employer-Branding-Prozess

Dieser Prozess beginnt damit, das Wertversprechen als Arbeitgeber festzulegen – was macht dein Unternehmen aus, warum sollen Menschen zu dir kommen und weshalb sollen sie bleiben? Die Ergebnisse gilt es so zu kommunizieren, dass sie an die richtigen Adressaten gehen. Ein zentraler Ort dafür kann die Karriereseite auf deiner Webseite sein, dort lassen sich alle relevanten Informationen konzentrieren. Anzeigen, Newsletter, Social Media und andere Kanäle lenken die nötige Aufmerksamkeit dorthin. Übrigens wirken auch andere Mitarbeiter oftmals als Multiplikatoren. Der Erfolg dieser Kommunikation hängt stark davon ab, wie regelmäßig sie stattfindet, und potenzielle Beschäftigte sollten sie dauerhaft auf den Schirm bekommen. Anschließend folgen das Recruiting selbst sowie Maßnahmen zur Bindung.

Es ist sinnlos, viel Aufwand für die Mitarbeitergewinnung zu investieren und dann Maßnahmen zur Bindung zu vergessen. Frag dich daher immer wieder, ob du dein Wertversprechen noch erfüllst.

Wie du eine attraktive Arbeitgebermarke schaffst

- Pflege offene Unternehmenskultur und transparente Kommunikation.
- Übertrage Verantwortung für die Bereiche deiner Mitarbeiter.
- Stelle Benefits zur Verfügung wie etwa arbeitgeberfinanzierte bAV, Dienstwagen oder Sonderzahlungen.
- Biete Fort- und Weiterbildungsmaßnahmen an.
- Schaffe flexible Arbeitszeitmodelle mit Homeoffice- und Remote-Work-Angeboten.
- Punkte mit Team-Events oder Sportangeboten.
- Biete kostenloses Essen und Getränke, vergünstigte Versicherungen.

Von einer positiven Unternehmenskultur profitieren in erster Linie du und dein Team. Sie sollte jedoch auch extern wirken können, denn sie überzeugt potenzielle Mitarbeiter. Diese können über deine Webseite, Mitarbeiterbewertungen, Kundenbewertungen, Social-Media-Profile oder Image-Videos und natürlich über Mund-zu-Mund-Propaganda davon erfahren.

100x mehr potenzielle Mitarbeiter erreichen

Die meisten Makler und Vermittler suchen im Umkreis ihres Büros nach neuen Kollegen. Diese Fokussierung ergab bisher auch Sinn, schließlich pendelt niemand von Hamburg nach München. Doch dank der Digitalisierung werden die Karten gerade neu gemischt. Remote-Work-Konzepte ermöglichen es den Menschen heute, von jedem Ort aus zu arbeiten. Und diese Möglichkeit stößt spätestens seit Corona auf umfassende Akzeptanz. Deshalb bietet sich nun die große Chance, bundes- oder sogar weltweit nach geeigneten Mitarbeitern zu suchen. Stell dir zum Beispiel vor, eine Maklerin ist wegen des Arbeitsplatzwechsels ihres Partners ins Ausland gegangen, möchte aber trotzdem in ihrem Job weiterarbeiten. Super, bei dir kann sie das dank Digitalisierung! Damit verfügst du über einen ungleich größeren Pool an potenziellen Mitarbeitern für dein Büro, und zwar für dein virtuelles Büro.

Im Zusammenhang mit dem Konzept eines virtuellen Büros passt der Begriff des Homeoffice deshalb nicht wirklich. Er impliziert das Zuhause als Ersatz oder Ergänzung zum herkömmlichen Büro, schließt aber andere Orte aus. Daher spreche ich lieber von Remote Work, dem ortsunabhängigen und flexiblen Arbeiten. Dieses Konzept erfordert ein modernes Arbeitsumfeld, eine andere Architektur sowie das passende Mindset auf deiner Seite, sowie eine funktionierende Internetverbindung bei deinen Mitarbeitern. Doch zwingt (und erlaubt!) uns die Digitalisierung ohnehin grundlegend umzudenken und die Voraussetzungen für eine derartige Flexibilität zu schaffen.

Denn nur mit ihrer Hilfe kannst du effizient arbeiten, mit dem Wettbewerb mithalten und die gegebenen Chancen ergreifen.

Remote Work ist anders – aber effizienter

Ein wichtiger Bestandteil des bereits angesprochenen Mindsets heißt Vertrauen. Diese Komponente ist übrigens nicht neu, die meisten erfolgreichen Unternehmen pflegen schon immer einen vertrauensvollen Umgang mit ihren Mitarbeitern. Das gilt umso mehr für örtlich getrennte Arbeitsorte. Wer beispielsweise jeden Arbeitsschritt kontrollieren und Kaffeepausen auf bestimmte Uhrzeiten festnageln will, stößt bei Remote Work schnell an seine Grenzen. Zudem arbeitet man nicht mehr synchron. Im Büro kannst du einfach zum Kollegen gehen und ihn etwas fragen. Diese Möglichkeit fehlt bei Remote Work, die Arbeitsweise ändert sich. Und dazu braucht es funktionierende Prozesse, die ein verlässliches Arbeiten aus der Distanz ermöglichen und die persönliche Kommunikation untereinander gewährleisten. Sind sie gegeben, kannst du deutlich effizienter zusammenarbeiten und die Effizienz beginnt bereits mit dem Wegfall des Wegs zur Arbeit.

Aus eigener Erfahrung weiß ich, dass sogar der Extremfall funktioniert: Einige meiner Kollegen habe ich noch nie persönlich getroffen. Obwohl wir schon lange sehr gut zusammenarbeiten und es um wichtige, komplexe und umfangreiche Jobs geht, wickeln wir diese komplett online ab. So kann ich Leute gewinnen, die diese Flexibilität und Arbeitsweise lieben – und damit gleichzeitig unschätzbar wertvolle Kompetenzen in mein Team bringen. Sicher gibt es Bewerber, die vorzugsweise ins Büro kommen möchten, die

Möglichkeiten des Remote Working solltest du jedoch auf jeden Fall einkalkulieren. Gerade in der Versicherungsbranche ergeben sich enorme Vorteile, etwa im Vertrieb. Denn oft sind Kunden bundesweit verstreut, warum nicht auch deine Vertriebsmitarbeiter? Wer remote arbeitet, ist an manchen Kunden vielleicht sogar näher dran. Letztlich kannst du beide Modelle – Büro und Remote – wunderbar anbieten und verbinden.

Wie du erfolgreiche Stellenanzeigen veröffentlichst

Im Prozess der Rekrutierung spielt die Stellenanzeige eine zentrale Rolle, sie ist das Aushängeschild deines Employer Brandings und mit ihr vermittelst du den ersten Eindruck deines Unternehmens. Dieser erste Aufschlag muss sitzen, einen zweiten wirst du kaum erhalten. Das gilt umso mehr, weil potenzielle Bewerber meist eine große Zahl von Anzeigen sehen und zwischen den Angeboten wählen können. Du musst auf Anhieb überzeugen. Das ist aus meiner Erfahrung gar nicht so schwer, wenn du die richtigen Inhalte mitlieferst. Und weil Stellenanzeigen immer gleich aufgebaut sein sollten, kannst du stets auf eine Blaupause zurückgreifen. Folgende Punkte solltest du beachten:

1. **Titel – entscheidet darüber, ob Kandidaten die Anzeige lesen.**
   Er sollte kurz und prägnant sein, auf Floskeln verzichten, auf Suchen abgestimmt sein und wichtige Eckpunkte enthalten.

2. **Unternehmensprofil – muss Interesse wecken.**
   Beschreibe kurz und prägnant, was dein Unternehmen einzigartig macht. Deshalb solltest du Buzzwords vermeiden und das Profil immer wieder verwenden.

3. **Stellenausschreibung – sollte auf den Punkt kommen.**
   Mit fünf bis acht Punkten solltest du die Tätigkeit kurz und konkret beschreiben, beginnend mit den wichtigsten Punkten. Denke an ergänzende Informationen wie zum Beispiel die Verantwortlichkeiten.

4. **Anforderungsprofil – verdeutliche die erforderlichen Qualifikationen.**
   Vermeide überhöhte und unrealistische Angaben, gehe auf die in der Ausschreibung aufgeführten Aufgaben ein und betone die zentralen Punkte ganz besonders.

5. **Leistungen deines Unternehmens – du musst dich als Arbeitgeber verkaufen.**
   Beantworte die Frage, weshalb ein Kandidat für dein Unternehmen arbeiten sollte. Dieser Punkt ergänzt die Angaben des Unternehmensprofils. Denke daran, Bewerber können sich die Stellen aussuchen.

6. **Bewerbungsverfahren – muss problemlos und schnell zu durchlaufen sein.**
   Beschreibe die erforderlichen Schritte, aber mache es deinen Bewerbern so einfach wie möglich! Dazu gehören auch Fristen, Ansprechpartner und erforderliche Unterlagen.

Das richtige Stellenportal für deine Anzeige richtet sich nach deinem Such- und Bewerberprofil – so gibt es Metasuchmaschinen sowie allgemeine, regionale und spezialisierte Stellenbörsen. Daneben existieren Kleinanzeigen, Karriereplattformen und Social Media. Die größten Marktanteile besitzen übrigens arbeitsagentur.de, stepstone.de und – man glaubt es kaum – ebay-kleinanzeigen.de. Meist sind die Basisfunktionen kostenfrei, für mehr Reichweite oder Premiumservices musst du bezahlen. Weil dadurch schnell vierstellige Summen zusammenkommen, braucht es sehr gezielte Anzeigen. Es kann auch günstiger sein, potenzielle Kandidaten auf Karriereportalen selbst zu suchen und gezielt anzuschreiben.

Führe ein intelligentes Anzeigenmanagement ein

Bei Stellenanzeigen geht es nicht nur um Gestaltung und Inhalt. Ihr Erfolg hängt auch davon ab, in welchen Medien und in welcher Frequenz sie geschaltet und ob sie in eine umfassendere Kampagne eingebettet werden. So ist es wichtig, das Thema Anzeige weiter zu denken, als in Form einer Veröffentlichung auf den bekannten Portalen. Wer sie mit anderen Kanälen und Formaten verknüpft – vor allem mit Social Media – erreicht mögliche Bewerber sehr viel zielgerichteter. Zudem hilft ein intelligentes Anzeigenmanagement dabei, exakt die gewünschten Kandidaten zu finden. Allerdings existieren keine allgemeingültigen Regeln für die Präsenz auf Portal A und Plattform B, entscheidend ist die für dich maßgeschneiderte

Kombination. Eine grobe Marschrichtung kann ich jedoch geben:

- Zuerst schaltest du die normale Anzeige.
- Dann sorgst du für maximale Präsenz in allen Portalen.
- Du denkst auch an *Google for Jobs*.
- Mit Hilfe von Social Media kannst du ein genaues Targeting betreiben.
- Die maximale Effizienz erreichst du durch eine weitgehende Automatisierung.

Gerade der letzte Punkt wird zunehmend wichtiger, denn Personalgewinnung macht den meisten Maklern und Vermittlern immer noch sehr viel Arbeit. Das muss nicht sein! Es existieren geeignete Tools, mit denen sich beispielsweise Stellenanzeigen optimieren, auf einen Schlag bei den relevanten Jobbörsen veröffentlichen lassen und mit deren Hilfe du auch den Einstellungsprozess optimieren kannst. Die technischen Möglichkeiten ermöglichen es zudem, potenzielle Bewerber zielgerichtet anzusprechen. Die Nutzung ist jedoch sehr individuell, meinen Kunden zeige ich die jeweils für deren Ansprüche passende Lösung.

Darüber hinaus nimmt die Rolle von Social Media für die Jobausschreibung stetig zu. Die passenden Kanäle richten sich zum Beispiel nach Stelle, Geschäftsmodell oder Bewerberprofil und du musst die Auswahl auf den Einzelfall abstimmen. Aus meiner Sicht spielen Xing, LinkedIn, Facebook Ads und Instagram die wichtigste Rolle. Von der konkreten Suche abgesehen, lässt sich auch ein "Grundrauschen" erzeugen.

Potenzielle Mitarbeiter nehmen dein Unternehmen zufällig wahr und du gelangst in ihr Bewusstsein. Suchen sie oder schaltest du eine Anzeige zu einem späteren Zeitpunkt, profitierst du vom Wiedererkennungseffekt und schaffst Markenbekanntheit.

Schaffe Touchpoints

Ohnehin solltest du den Wiedererkennungseffekt gezielt nutzen. Denn bislang beschränken viele Vermittler ihre Mitarbeitersuche auf die Schaltung von Anzeigen. Es reicht jedoch selten, nur diesen einen Kontaktpunkt anzubieten, und du kennst das Prinzip bereits aus dem Kapitel *Schaffe Berührungspunkte mit deinen Kunden*. So wie nur wenige Menschen beim ersten Kontakt mit einem Unternehmen zu Kunden werden, bewirbt sich kaum ein Jobsuchender auf die erstbeste Anzeige. Auch hier findet ein Prozess statt. Die Person entdeckt dich womöglich auf LinkedIn, klickt auf deine Anzeige bei Stepstone, von da aus auf die Unternehmens- webseite und schaut eventuell noch auf deinen Instagram-Account. Dann gerätst du wieder aus dem Fokus. Drei Tage später scrollt die Person über deine Stellenanzeige bei Google. Erst dann schickt sie eine E-Mail mit einer Rückfrage und entschließt sich vielleicht zu einer Bewerbung.

Doch es geht noch weiter. Eine wichtige Rolle spielen auch die Arbeitgeberbewertungsportale oder Kundenbewertungen. Interessenten arbeiten lieber in Unternehmen, die ein positives Bild vermitteln. Viele Bewerber schauen sich zudem alle verfügbaren Informationen über dein Team an, schließlich wollen sie etwas über ihre potenziellen Kollegen sowie das Arbeitsumfeld wissen. Wie beim Marketing braucht es also zahlreiche Gelegenheiten – Touchpoints – damit sich die Leute tatsächlich bewerben und letztlich tragen all diese kleinen Puzzleteile zu deinem Image als Arbeitgeber bei. Deine Aufgabe heißt daher, dieses Bild möglichst positiv ausfallen zu lassen. Und dazu brauchst du eine ganzheitliche Sicht auf deine potenziellen Bewerber sowie ihre bevorzugten Medien- und Kommunikationskanäle. Nur dann kannst du Leute rekrutieren, die deinem Jobprofil und deinen Anforderungen genügen.

Denke in Prozessen

Der Bereich Personal ist zwar vielschichtig, dennoch solltest du Standards definieren. Wer bei jeder Vakanz das Rad neu erfindet, macht sich unnötig viel Arbeit. Deshalb lohnt es sich aus meiner Sicht, vorab diverse Fragen zu beantworten:

- Was muss geschehen, damit du ausschreibst?
- Wer ist verantwortlich?
- Wie sieht eine Stellenanzeige aus und wer erstellt sie?
- Wie werden die Bewerbungen gesteuert?
- Kommt eine Software zum Einsatz?
- Wie gehst du mit Bewerbungen um?
- Wann wird zum Gespräch eingeladen?
- Welche Fristen gelten intern?
- Was benötigt ein neuer Mitarbeiter technisch und organisatorisch?

Die Antworten auf diese Fragen gilt es in geeignete Prozesse zu gießen. Und vergiss nicht, sie regelmäßig auf den Prüfstand zu stellen.

Zu den Prozessen gehören die geeigneten Materialien wie Vorlagen für die Anzeige oder den Schriftwechsel. Wer diese Dinge einmal definiert, spart sich später viel Arbeit. Diese Tätigkeit musst du nicht ins Blaue hinein machen. Kümmere dich darum, wenn du nächstes Mal jemanden einstellen möchtest. Dann solltest du den Ablauf mit allen Schritten, Beteiligten und erforderlichen Materialien jedoch zentral im Unternehmenshandbuch oder der Prozessdokumentation festhalten. Enorm hilfreich bei allen Aufgaben rund um das Thema HR sind Checklisten – das gilt vor allem fürs Onboarding.

- Welche Technik ist erforderlich?
- Welche Rechte in den Programmen müssen zugewiesen werden?
- Welche zusätzlichen Lizenzen braucht es?

Fehlen diese Punkte, sitzen neue Kollegen zunächst herum und kosten unnötiges Geld. Außerdem beeinträchtigen sie das Arbeitsumfeld und sorgen gleich von Beginn an für schlechte Stimmung.

Mit Hilfe von Standards, einer modernen Technik und den passenden sowie gut dokumentierten Prozessen schaffst du die Voraussetzungen für ein effektives Arbeiten von überall. Das beginnt bereits beim Onboarding. So kannst du die Einarbeitung beispielsweise durch Erklärvideos begleiten – und diese für jeden neuen Kollegen wieder nutzen. Außerdem lassen sich diese digitalen Formate jederzeit und ortsunabhängig abrufen, neue Mitarbeiter können daher Remote-Prozesse und Standards kennenlernen. So schaffst du Wettbewerbsvorteile durch mehr Effizienz und verbesserst gleichzeitig die Mitarbeiterbindung vom ersten Tag an.

Aus meiner Sicht kannst du gerade im Versicherungsbereich mit derartigen Services punkten, denn hier arbeiten die meisten Unternehmen immer noch nach Schema F. Nutze den Vorteil, der sich heute nach wie vor bietet!

Mache es deinen Bewerbern leicht

Ein enormer Vorteil für dich: Selbst viele große Wettbewerber hinken beim Thema HR hinterher, Standard sind E-Mail-Bewerbungen und langweilige Stellenanzeigen. Gestaltest du deinen Bewerberprozess dagegen mit digitalen Tools und einladenden Prozessen, hebst du dich bereits positiv ab und punktest bei den Kandidaten. Nutze diese Chance! Dazu reicht es schon, wenn du an wenigen Stellschrauben drehst. Zum Beispiel:

- **Einfachheit ist Trumpf**
  Über ein einfaches Online-Bewerbungsformular und den Button "Jetzt bewerben" können sich Aspiranten direkt online bei dir bewerben. Das Formular kannst du in der Anzeige oder auf Social Media verlinken.

- **Frage gezielt**
  Frage relevante Informationen konkret ab. Wenn der Job beispielsweise mit Reisen verbunden ist, integrierst du den Punkt "Reisebereitschaft" mit den Checkboxen "ja" oder "nein". Damit sparst du dir und den Bewerbern viel Zeit.

- **Lass mobile Bewerbungen zu**
  Heute findet die Internetnutzung überwiegend per Smartphone statt – und das gilt auch für die Jobsuche. Deshalb solltest du Bewerber auch mobil ansprechen und fürs Smartphone optimierte Bewerbungsprozesse anbieten.

- **Sei schnell**
  Wir sind Multitasking gewöhnt, alles geht per Knopfdruck und das Paket steht am Folgetag vor der Haustür. An diesem gelernten Verhalten aus dem Konsumbereich müssen sich deine Bewerbungsprozesse messen! Also antworte beispielsweise unverzüglich auf Rück- und Anfragen.

In den letzten Jahren hat sich zudem gezeigt, dass viele Kandidaten den Bewerbungsprozess hinterfragen. Sie stellen Ansprüche an die Zeit bis zur ersten Rückmeldung des Unternehmens, erwarten Serviceorientierung, Höflichkeit und eine unkomplizierte Möglichkeit für Rückfragen oder möchten Updates, wenn es länger dauert. Derartige Punkte musst du positiv lösen, sonst werden sich viele geeignete Kandidaten für andere Stellen entscheiden. Noch schwerer hast du es, wenn du ins Fettnäpfchen trittst und eine schlechte Candidate Experience bietest.

Fünf Punkte, die du unbedingt vermeiden solltest

1. **Du suchst den perfekten Kandidaten.**
   Dein Anforderungsprofil enthält alles, was nur möglich ist. Wer jedoch nur Überflieger sucht, schreckt viele gute Kandidaten ab. Die eierlegende Wollmilchsau gibt es nicht.

   Stelle stattdessen realistische Anforderungen und unterscheide zwischen Kann- und Soll-Anforderungen.

2. **Deine Karriereseite stammt aus 2005.**
   Du bist in der Vergangenheit stecken geblieben. Willst du Mitarbeiter, die wissen, was Sache ist, musst du auch ein moderner Arbeitgeber sein.
   Konzipiere eine moderne Karriereseite, die alle relevanten Infos enthält und gut mobil funktioniert.

3. **Du ignorierst Vorurteile.**
   Du gehst nicht auf das Offensichtliche ein. Wenn die meisten Kandidaten ein bestimmtes Bild über deine Branche, Region oder Unternehmen haben, musst du das thematisieren.

   Steuere bewusst dagegen und betone die positiven Aspekte wie Teamgeist, Dachterrasse oder Ähnliches.

4. **Dein Bewerbungsprozess ist nicht mobil.**
   Deine Bewerbungsseite ist auf Smartphone und Tablet unlesbar und umfasst Dutzende Textfelder. Die meisten Kandidaten werden abbrechen.

Optimiere dein Angebot für die mobile Nutzung und mache es deinen Bewerbern einfach.

5. **Du lässt Bewerber zappeln.**
Nach Vorstellungsgesprächen und Auswahlprozess hast du deine Wahl getroffen. Die Zusage geht raus und jetzt? Was ist mit den übrigen Bewerbern? Vielleicht hast du bald wieder eine Vakanz und könntest einen Kollegen brauchen, der nicht zum Zug gekommen ist.

   Schreibe eine freundliche Absage, begründe sie nachvollziehbar und bedanke dich.

Wenn du diese Punkte berücksichtigst, bist du schon ganz weit vorne im Vergleich zu vielen Wettbewerbern. Und der Grundsatz dahinter ist ganz einfach: Behandle deine Bewerber wie deine Kunden und du weißt, der Kunde ist König!

Denke an später

Von vielen Maklern und Vermittlern weiß ich, dass sie über die Weiterentwicklung ihres Büros nach dem eigenen Ausscheiden nachdenken. Ein Weg heißt, den gesamten Betrieb an einen externen Käufer zu übergeben und damit einen schnellen und harten Schnitt zu machen. Oder – und diesen Weg wählen vermutlich die meisten Unternehmer – sie gehen auf die Suche nach einem Nachfolger, holen diesen ins Unternehmen und gestalten die Übergabe Schritt für Schritt. Oft arbeitet sogar ein potenzieller Kandidat in der Firma und man findet in jahrelanger Zusammenarbeit heraus, ob die Wahl richtig ist, und entscheidet erst später über den Wechsel.

Wie auch immer deine Situation aussehen mag, du brauchst auf jeden Fall Offenheit. Denn meist handelt es sich bei den Nachfolgern um deutlich jüngere Personen mit neuen Ideen und Ansätzen.

Wer die Nachfolge im Blick hat, sollte die Ziele und Vorstellungen der Kandidaten mittragen. Und meist handelt es sich dabei um andere Schwerpunkte, als um deine altbekannten und bewährten. Viele davon dürften dir mittlerweile nicht mehr neu sein, denn die meisten Punkte aus diesem Buch stehen im Mittelpunkt der Gedanken- und Gefühlswelt der jüngeren Generation. Potenzielle Nachfolger sind in der Regel digital unterwegs, sie setzen beispielsweise auf Social Media und nutzen andere Technologien als ältere Büros. Es ist für dich als Unternehmer also vorteilhaft, wenn du viele dieser Themen bereits in Angriff genommen und dein Büro modernisiert hast. Denn ein zeitgemäß und effizient arbeitendes Unternehmen ist für Dritte deutlich attraktiver, als Firmen mit Papierbergen und angestaubten Prozessen. Du erleichterst auch das Nachfolgemanagement daher enorm, wenn du die Digitalisierung erfolgreich vorangetrieben hast.

Beschäftige dich mit potenziellen Nachfolgern

Wenn du einen Nachfolger suchst, solltest du die Denk- und Lebenswelten der potenziellen Kandidaten im Auge behalten. Gerade smarte, junge Leute mit großem Potenzial findest du kaum über Stellenanzeigen. Wahrscheinlich stecken sie intensiv im Aufbau ihres eigenen Unternehmens. Viele davon würden sich freuen, wenn du sie kontaktierst! Denn durch solche Verbindungen entstehen Synergien. Jüngere Zielgruppen verfügen selten über riesige Bestände und mit der großen Basis eines etablierten Büros lässt sich das Geschäft auf ganz neue Ebenen katapultieren. Nutze diese Chancen und gehe auf junge und vielversprechende Talente zu! Entsprechende Kandidaten findest du zum Beispiel in den sozialen Medien, denn viele nutzen diese Plattformen bereits sehr erfolgreich. Allerdings funktionieren auch solche Nachfolgeprozesse nicht von heute auf morgen. Starte daher frühzeitig und lass dir Zeit.

Damit du die richtige Person findest, solltest du dir vorab Gedanken über die gewünschten Eigenschaften, Kompetenzen und Ziele machen. Grenze Kandidaten beispielsweise über Zielgruppe, Bildung und berufliche Ausrichtung ein. Denn diese Angaben brauchst du, um dich konkret und zielgerichtet auf die Suche zu machen. Nur mit einem klaren Fokus wirst du den passenden Nachfolger finden. Bei dieser Aufgabe hilft das bereits bekannte Persona-Konzept, mit seiner Hilfe kannst du den Wunschkandidaten ermitteln und die Ergebnisse mit potenziellen Bewerbern abgleichen. Gleichzeitig solltest du überlegen, was du bieten kannst. Vielleicht beschränkt sich dein Technik-Know-how aufs Nötigste, aber du verfügst über unschätzbare Erfahrungen im Umgang mit Kunden. Außerdem hast du in den letzten Jahrzehnten schon viele Fehler gemacht, die dein Nachfolger durch deine Expertise und Erfahrungen vermeiden kann. So entsteht eine Win-Win-Situation und du weißt, dass dein Unternehmen in guten Händen ist.

Buchhaltung und Controlling

Was du in diesem Kapitel erfährst, lässt sich problemlos in einem Satz verdichten: Buchhaltung und Controlling machen Spaß. Vielleicht schüttelst du jetzt den Kopf, doch es steckt eine Geschichte hinter meiner These. Alles fing damit an, dass ich mit 18 Jahren meine erste Firma gründete und Buchführungsaufgaben vor allem als nervige Pflichten sah. Ich fand das Thema unnötig aufwändig und Buchhaltung war nie von Freude geprägt. Stets fehlte die Lust und ich habe die Steuerthemen gerne vor mir hergeschoben. Kurz vor Ablauf der Frist und nach der x-ten Erinnerung des Steuerberaters musste ich mich dann hektisch darum kümmern. Irgendwann war ich dieses stundenlange Suchen nach Belegen leid und ich wollte mir den Stress nicht mehr antun. So begann ich, für Ordnung zu sorgen. Nach dieser zugegebenermaßen unangenehmen Aktion sank plötzlich mein Stresslevel – und zwar dauerhaft! Diese Reaktion ist auch logisch, denn gerade der psychologische Faktor von ungeliebten Arbeiten spielt eine ungemein wichtige Rolle und wartet im Hinterkopf. Heute bleibe ich total entspannt, wenn sich das Finanzamt ankündigt oder wenn schon wieder ein Jahresabschluss ansteht. Es ist nicht mehr erforderlich, Belege mühsam zusammenzustellen. Dank automatisierter Abläufe werden alle Unterlagen sofort verarbeitet und sie sind jederzeit digital verfügbar. Zum Beispiel ist mein eigener Jahresabschluss bereits am 31. Dezember so gut wie fertig – ohne etwas dafür tun zu müssen.

Wie du maximale Gelassenheit erreichst

Diesen Wandel schaffst auch du! Und dazu braucht es nicht einmal Raketentechnik oder einen Masterabschluss in Finance. Alles, was du investieren musst, ist ein einmaliger Zeitaufwand, um deine Buchhaltung aufs richtige Gleis zu setzen. Das Geheimnis dahinter heißt schlicht Digitalisierung. Denn wenn du dafür sorgst, dass Belege und Co. von Anfang an digital verarbeitet werden, entfallen fast alle der ungeliebten, manuellen Such- und Ordnungsaufgaben. Dafür musst du intern einige Weichen stellen, etwa müssen alle Belege und Rechnungen in elektronischer Form vorliegen und strukturiert abgelegt werden. Zudem sollten die erforderlichen Partner mitspielen – Stichwort Steuerberater. Doch sind die meisten Dienstleister ohnehin froh, wenn die Zusammenarbeit digitalisiert wird; auch sie sparen viel Zeit damit. Viele davon bieten bereits Tools an, mit denen du die Belege per Mausklick hochladen kannst. Sorge also dafür, dass alle Belege unverzüglich in der Buchhaltung landen. Bei eventuellen Rückfragen von Geschäftspartnern, Steuerberater oder Finanzamt reicht ein Klick und der gewünschte Beleg ist da. Bei mir hat diese Umstellung den Blickwinkel komplett verändert, Buchhaltung und Controlling machen jetzt Spaß!

Du machst die Buchhaltung nicht für das Finanzamt

Diese positive Einstellung zu Buchhaltung und Controlling geht auch mit einem veränderten Blickwinkel einher: Du machst das Ganze nicht mehr nur um des lieben Friedens mit dem Finanzamt willen.

Im Gegenteil, strukturierte und optimierte Prozesse helfen vor allem dir selbst, ich schätze sie beispielsweise aus purem Eigennutz. Denn sie erleichtern nicht nur die tägliche Arbeit enorm, sie legen auch das Fundament für bessere, strategische Entscheidungen. So geben Buchhaltung und Controlling die Antworten auf zwei zentrale Fragen, die über den Erfolg deines Unternehmens entscheiden:

1. Wie sehen deine Ziele aus und wohin soll die Entwicklung gehen?
2. Hast du deine bisherigen Ziele erreicht und wie stark bist du geschäftlich?

Belastbare Antworten findest du nur, wenn du deine Geschäftsentwicklung umfassend einschätzen kannst. Die nötigen Informationen bieten einerseits die Buchhaltung – Zahlen sind überhaupt strukturiert vorhanden – und zweitens das Controlling – aus den Zahlen kannst du Schlüsse ziehen und Prognosen ableiten. Vor allem Unternehmer mit umfangreichen Geschäftsprozessen profitieren daher von gut aufgestellten Prozessen in diesen Bereichen, aber auch kleinere Betriebe sparen sich viel Stress und Arbeit, wenn sie Buchhaltung und Controlling von vornherein richtig konzipieren. Nur wer seine Zahlen in den Griff bekommt, kann planen und sich weiterentwickeln. Einen Beitrag dazu liefert die verbesserte Kontrolle. Heute bin ich deutlich sicherer bei meinen Handlungen, kann mein Geschäft strategischer planen und gezielt optimieren. Und diese Fähigkeit kannst du ebenso lernen! So verbesserten die meisten meiner Kunden ihre Ertragslage ganz erheblich, nachdem sie Prozesse und Strukturen optimiert haben.

Deshalb solltest du immer versuchen, Buchhaltung und Controlling so effizient wie möglich zu gestalten. Und dank der technischen Möglichkeiten lässt sich dieses Ziel relativ leicht umsetzen.

Prozesse auf Autopilot

Setzt du digitale Tools richtig ein, ersparst du dir sehr viel Arbeit und die Kommunikation mit allen Stakeholdern wird deutlich einfacher. Zudem legst du die Grundlagen für ein effektives Controlling. Und du kannst mir glauben: Bist du den Schritt gegangen, fragst du dich sofort, warum du nicht schon eher damit begonnen hast. Gerade bei der ungeliebten Buchhaltung lassen sich viele Prozesse teil- oder sogar vollständig automatisieren. Denn einerseits helfen digitale Tools bei den internen Abläufen bei Belegen und Co., sie erleichtern andererseits die Zusammenarbeit mit externen Stakeholdern. Der geschäftliche Austausch mit Finanzamt und Steuerberater kam bereits zur Sprache, du profitierst von digitalisierten Geschäftsprozessen ebenso privat – zum Beispiel in der Beziehung zu deiner Hausbank. Schließlich schätzen sie viele Versicherungsmakler und -vermittler nicht nur für das Geschäftskonto, auch beim Hauskauf mit der Familie sprechen sie zunächst das bekannte Institut an. Der Berater checkt zwar vor allem die privaten Finanzen, der Blick auf den Stand des Unternehmens ist jedoch ebenfalls selbstverständlich. Bist du digital unterwegs, kannst du schnell und umfassend Auskunft geben und sogar die Planung für die nächsten Monate und Jahre präsentieren. Meine Kunden und ich haben immer wieder erfahren, dass betriebliche Finanzbuchhaltung und Controlling die private Lebensplanung ganz konkret beeinflussen können.

Vorher Stress, nachher Entspannung – entscheide selbst

Eine sinnvolle Digitalisierung hilft dir übrigens auch dann, wenn du “nur” Einzelunternehmer bist oder einen geringen Umsatz erzielst. Selbst Jungmakler in der Start-up-Phase sollten Buchhaltung und Controlling immer im Griff haben. Schließlich sind Verpflichtungen wie Lohnbuchhaltung oder Steuererklärungen laufend zu erfüllen und die Erleichterungen zeigen sich bei jeder Unternehmensgröße. Es ist möglich, eine einfache Vorher-Nachher-Aufstellung vorzunehmen. Sie verdeutlicht sehr schön, welche Bereiche und Prozesse profitieren:

Digitalisierung im Maklerbüro

Vorher

- Einzelne und papierhafte Ordner
- Manuelle Dateneingabe an vielen Stellen
- Aufwändiger E-Mail-Versand von Angaben
- Belege zusammensuchen
- Kontoauszüge übergeben
- Überweisungen manuell eingeben
- Psychischer Stress
- Zeitdruck

Nachher

- Alles elektronisch vorhanden
- Daten per Knopfdruck
- Partner automatisch angebunden
- Arbeiten automatisiert
- Entspannung pur
- Mehr Zeit für Wichtiges

Auch wenn sich dieses Kapitel um die vermeintlich schwierigen und unbeliebten Themen dreht, können Buchhaltung und Controlling als Basis für alles andere gelten. Denn zum Beispiel kannst du erst mit Hilfe eines funktionierenden Controllings erkennen, wie dein Vertrieb funktioniert und wo Schwachstellen liegen. Die Zahlen zeigen sehr detailliert, wo dein Unternehmen gut läuft, wo es Verbesserungsbedarf gibt oder wo du dringend Veränderungen herbeiführen musst. Und wenn du dieses Wissen hast, sind gezielte Schritte möglich. Gut erklären lässt sich das Prinzip mit einer Analogie zum Sport: Die Finanzbuchhaltung stellt die Pflicht dar, das Controlling die Kür. Allerdings sind diese beiden Bereiche nicht von ungefähr in einem Kapitel vereint. Sie hängen eng miteinander zusammen und ihre Grundlage ist die gleiche – eine strukturierte und einfach zu nutzende Datenbasis. Diese wiederum steht und fällt mit der Technik dahinter und eine gute Software ist die halbe Miete.

Die richtigen Programme kosten zwar Geld, sie reduzieren jedoch die Arbeitsbelastung erheblich und mit ihrer Hilfe lassen sich (teure) Mitarbeiter gezielt für andere und gewinnbringende Aufgaben einsetzen. Meine Erfahrung zeigt daher eindeutig, dass sich die Digitalisierung rechnet. Allerdings solltest du darauf achten, dass deine Partner ebenso digital unterwegs sind. Dieser Rat hat einen konkreten Hintergrund, nicht alle Dienstleister ziehen mit. Zum Beispiel will manch älterer Steuerberater seine letzten Jahre noch mit den altbekannten Arbeitsweisen über die Bühne bringen. Wer sein Unternehmen digitalisieren und wirklich weiterbringen will, muss in letzter Konsequenz bereit sein, unwillige und analoge Partner zu wechseln.

Das mag zwar im Augenblick Mehraufwand bedeuten, dieser rechnet sich in der Folgezeit sehr schnell. Meiner Meinung nach bildet die technisch reibungslose Zusammenarbeit mit Steuerberatern und anderen Dienstleistern eine zentrale Voraussetzung dafür, effizient arbeiten zu können.

Warum du Buchhaltung und Controlling optimieren solltest

- Mit der optimalen Gestaltung aller Prozesse rund um Buchhaltung und Controlling erreichst du ganz unterschiedliche Ziele. An erster Stelle steht sicher die **Arbeitserleichterung**.
- Weiterhin kannst du mit den passenden Systemen ein **monatliches Reporting** einrichten und viele Angaben sogar in **Echtzeit** erheben – mit Hilfe der Kontoanbindung gehören zum Beispiel die Liquiditätsdaten dazu. Engpässe oder bedrohliche Situationen lassen sich meist vermeiden.
- Ebenso ermöglicht die Digitalisierung eine **bessere Planung auf allen Zeithorizonten**. Kurz-, mittel- und langfristige Prognosen erleichtern es dir, die Unternehmensentwicklung zu gestalten und plausible Ziele inklusive der passenden Erfolgskennzahlen festzulegen.
- Per Knopfdruck siehst du **alle wichtigen Kennzahlen**, beispielsweise Umsatz, Anzahl der Kunden, durchschnittlicher Ertrag oder Kostenquoten. Auf welche es ankommt, hängt selbstverständlich vom jeweiligen Geschäftsmodell ab.
- Weiterhin kannst du per Buchhaltung und Controlling **Kontrollmöglichkeiten stärken und Sicherheit**

erhöhen. Das gute Gefühl, alles im Griff zu haben, solltest du nicht unterschätzen. Dies gilt gerade im Zusammenspiel mit dem Finanzamt.

- Du wirst aufatmen, wenn du mit einem System arbeitest und alle **Daten zentral verwaltest**. Sonst jonglierst du sehr schnell mit Dutzenden von Excel-Tabellen und verlierst leicht den Überblick.
- Du kannst **für schlechte Zeiten vorsorgen**. Gerade diese Möglichkeit bringt dir einen entscheidenden Vorteil! So erhältst du in guten Zeiten deutlich leichter Kredite zu guten Konditionen. Viele Projekte solltest du in guten Zeiten anpacken, in einer Krise gibt die Bank schlicht kein Geld.
- Hast du die Zahlen im Griff, kannst du **besser investieren**. Denn gerade Technik und Prozesse entscheiden über deine Wettbewerbsfähigkeit. Oft fehlt in der Praxis die Aufmerksamkeit dafür; mach es besser!

Finanz- und Lohnbuchhaltung

Das Thema Finanzbuchhaltung umfasst die Verarbeitung von Eingangs- und Ausgangsbelegen. Fast jedes Unternehmen hat mehr oder weniger täglich damit zu tun. Allerdings unterscheidet sich das Vermittler- und Maklergeschäft von anderen Branchen, weil selten Rechnungen geschrieben werden. Stattdessen bestehen die Ausgangsbelege hauptsächlich aus Courtage- oder Provisionsabrechnungen. Die Eingangsbelege wiederum fallen so auch bei Dachdeckern oder Maschinenbauern an. Diese Lieferantenrechnungen können zum Beispiel von IT-Dienstleistern, Vermietern oder Leasinggebern stammen.

Papier war gestern

Den ersten Schritt zur Prozessautomatisierung kennst du bereits aus dem Kapitel *Prozesse und Methoden*, er heißt "weg vom Papier". Diese Veränderung ist ohnehin angezeigt, weil die meisten Belege bereits heute in elektronischer Form ankommen und was papierhaft anfällt, lässt sich automatisch einscannen. Der zweite Schritt heißt DATEV. Da fast jeder Steuerberater mit diesem Dienstleister arbeitet, ist es meiner Erfahrung nach sinnvoll, dessen Software ebenfalls einzusetzen. Über die Plattform *DATEV Unternehmen online* kannst du Belege, Daten und Dokumente mit deinem Steuerberater elektronisch austauschen. Neben DATEV bieten auch andere Dienstleister Tools zur Prozessautomatisierung. Egal welche Lösung zum Einsatz kommt, das Prinzip dahinter ist immer ähnlich und schematisch sieht das Ganze so aus.

Abbildung 38: Belegverarbeitung

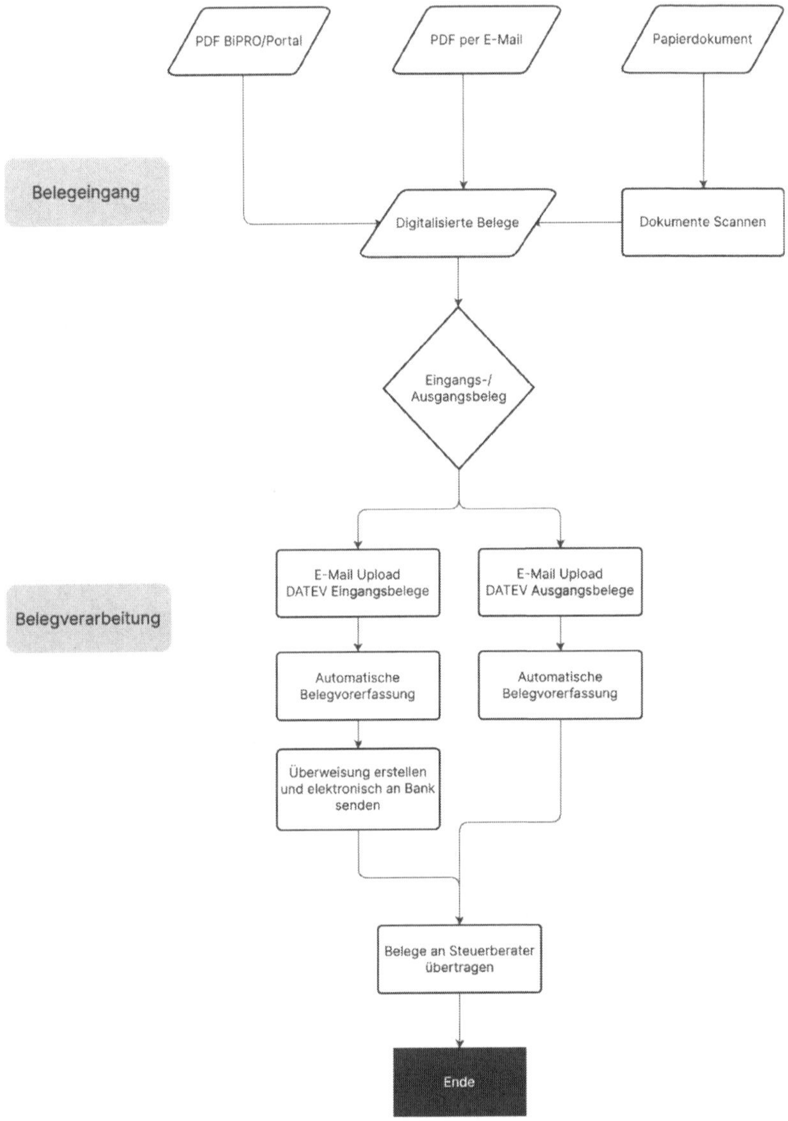

Wie die Belegverarbeitung bei dir praktisch funktioniert

Diese Abbildung veranschaulicht den kompletten Ablauf der Belegverarbeitung in deinem Büro, beginnend mit dem Eingang in unterschiedlichen Formaten und aus verschiedenen Quellen, über die Weiterverarbeitung bis hin zur Ablage in das jeweilige System und gegebenenfalls der Ausführung einer weiteren Aktion wie etwa einer Überweisung. Wo viele Makler und Vermittler die abgebildeten Schritte einzeln und getrennt voneinander abarbeiten, zeigt diese Darstellung, wie du alle Abläufe rund um die Buchhaltung umfassend digitalisieren und automatisieren kannst. So sparst du enorm viel Arbeit und Zeit. Ungeachtet dieser Vorteile tun sich einige Unternehmer und Selbständige jedoch sehr schwer damit, ihre existierenden Abläufe zu verändern. Falls es dir ähnlich geht, solltest du über externe Unterstützung für diese Aufgabe nachdenken.

Die nötigen Umstellungen gehen umso leichter, je besser sich dein Partner mit deinen Prozessen auskennt und wenn die neue Prozesslandkarte optimal zu den Anforderungen deines Büros passt. Auch in diesem Fall fällt zwar der einmalige Umstellungsaufwand an, in der Folgezeit profitierst du jedoch von maßgeschneiderten Abläufen. Bei unseren Kunden achten wir zum Beispiel darauf, dass Umsätze automatisch abgeglichen werden, sich der Zahlungsverkehr direkt aus dem Buchhaltungssystem steuern lässt und der Steuerberater die Kontoauszüge ohne umständliches Heraussuchen und Verschicken erhält. Selbst die großen Unternehmen unter unseren Kunden erledigen ihre Buchhaltungsarbeiten innerhalb von ein oder zwei Stunden pro Monat.

Noch ein Plus: Du kannst eigenständig betriebswirtschaftliche Auswertungen und Kennzahlen einfach und schnell per Knopfdruck erzeugen und zur Verfügung stellen.

Wie die Lohnbuchhaltung von alleine läuft

Die beschriebenen Vorteile aus dem Bereich der Finanzbuchhaltung kannst du ohne Abstriche auf die Lohnbuchhaltung übertragen. Du musst nur die nötigen Schritte gehen! In diesem Bereich lässt sich ebenfalls vieles vereinfachen, weil Makler und Vermittler oftmals überflüssigem Aufwand treiben. Wahrscheinlich musst du die Daten neuer Mitarbeiter manuell an den Steuerberater übertragen und im Krankheitsfall werden Meldungen und Unterlagen hin- und hergeschickt. Setzt du dagegen auf eine elektronische Lösung, gehen diese Aufgaben sehr viel schneller und per Mausklick. Ich bevorzuge seit vielen Jahren *Sage Lohn & Gehalt* und mache alle Tätigkeiten rund um die Lohnbuchhaltung intern. Das Ganze läuft nahezu automatisiert und ist ein Kinderspiel. Meldet sich zum Beispiel jemand krank, trage ich die Krankheitszeiten ins System ein und alle nötigen Abstimmungen mit der Krankenkasse werden automatisch im Hintergrund erledigt. Und auch hier ist eine DATEV-Schnittstelle vorhanden, mit deren Hilfe der Steuerberater die nötigen Buchungsdaten für die Finanzbuchhaltung erhält. So lässt sich der Aufwand enorm reduzieren und ich kann dich nur dazu ermuntern, die Lohnbuchhaltung zu digitalisieren.

Fahrtenbuch ohne Fahrtenbuch

Neben diesen beiden großen Bereichen Finanz- und Lohnbuchhaltung existieren weitere Prozesse und Lösungen, mit denen sich das Leben erheblich vereinfachen lässt. Ein Beispiel dafür liefert das Fahrtenbuch, das du vielleicht ebenfalls führen musst. Mit Anbietern wie *vimcar* lassen sich alle Fahrten automatisch aufzeichnen und damit Dokumentationsaufwand einsparen. Anstatt wie früher aufwändig ein papierhaftes Fahrtenbuch zu führen, was offen gesagt der ein oder andere auch mal mühsam versucht ein bis zwei Jahre später nachzuholen, setzte ich lieber auf die digitale Variante. Durch die automatische Aufzeichnung der Fahrten per GPS gibt es zwar keinen "Gestaltungsspielraum", aber ich habe eine einfache, verlässliche und vom Finanzamt akzeptierte Lösung.

Controlling

Soweit zur Pflicht, kommen wir zur Kür. Ein gut aufgestelltes Controlling hilft dir dabei, besser zu wirtschaften. Es basiert auf Zahlen und Daten aus der Finanzbuchhaltung und liefert Antworten auf die Frage, wo dein Unternehmen heute steht. Sicher kennst du bereits die betriebswirtschaftlichen Auswertungen, geläufig unter der Abkürzung BWA. Vor allem wenn du ein kleines oder mittleres Unternehmen führst, kannst du über diese Art des Berichtswesens die aktuelle Kosten- und Erlössituation bewerten. Basis sind alle Buchungen, die zur Gewinn- und Verlustrechnung zählen. Dazu gehören sämtliche Aufwendungen, Erträge und Umsatzerlöse mit Kostenarten wie Personalkosten,

Raumkosten etc. sowie Zinsaufwand und Zinsertrag, Steuern und das vorläufige Ergebnis.

Neben dem aktuellen Überblick liefert das Controlling viele Angaben, mit deren Hilfe du deine Firma entwickeln kannst – um wie viel Prozent soll sich der Umsatz steigern? Ebenso verschafft es dir zuverlässige Liquiditätsprognosen. Reicht dein Geld aus, um die geplanten Vorhaben umzusetzen? Welche flüssigen Mittel sind überhaupt da und zu welchem Zeitpunkt sind sie verfügbar? Gerade Makler und Vermittler stehen oftmals vor der Herausforderung, viele Zahlungen zu Beginn des Jahres vereinnahmen zu müssen. Vor allem wenn du einen Teil deines Geschäfts mit Sachversicherungen betreibst, werden sie oftmals zum Jahresbeginn fällig. Ein Großteil des Jahresgesamtumsatzes fließt daher zu Jahresbeginn und im weiteren Verlauf kommen nur noch vergleichsweise geringe Einkünfte hinzu. Weil die Liquidität stetig abnimmt, müssen die Betroffenen vorausschauend planen; sie sind zwingend auf vernünftige Liquiditätsprognosen angewiesen. Doch egal wie sich deine Einnahmen und Ausgaben verteilen, mein Motto zur Liquiditätsplanung hilft immer: Cash is king! Das gilt erst recht in unsicheren Zeiten wie heute.

Cash is king – Liquiditätsplanung in Echtzeit

Du solltest stets genau wissen, wie viel Geld du hast. Schließlich musst du laufenden Verpflichtungen nachkommen und abschätzen können, welche Einnahmen hinzukommen werden. Unterm Strich sollte ein positiver Cashflow gewährleistet sein. Und dazu braucht es eine funktionierende Liquiditätsplanung. Sie hilft erstens dabei, Einnahmen und Ausgaben im Blick zu behalten, und du kannst negative

Tendenzen rechtzeitig erkennen und ihnen entgegensteuern. Zweitens vereinfacht eine detaillierte Aufstellung der Unternehmensfinanzen auch die langfristige Planung. Egal, ob du 6, 12 oder 24 Monate in die Zukunft blicken willst, nur auf Basis einer aktuellen Liquiditätsplanung lassen sich belastbare, unternehmerische Entscheidungen treffen. So hilft ein gut aufgestelltes Controlling dabei, besser zu wirtschaften.

Die Ergebnisse aus dem Controlling helfen nicht nur bei der Steuerung des laufenden Geschäfts, sie erleichtern die Planung von Investitionen in der Zukunft. Ausreichende Liquidität ist beispielsweise notwendig, wenn es um die Digitalisierung des Unternehmens, ein neues Kundenverwaltungsprogramm, moderne Technik oder Investitionen in Humankapital geht, also um das Einstellen neuer Mitarbeiter. So musst du vorab wissen, ob zwei neue Mitarbeiter finanziell überhaupt drin sind. Schließlich braucht es ausreichend Cash, um sie eventuell vorzufinanzieren. Je nach Position, Qualifikation und Erfahrung der Mitarbeiter benötigen sie einige Wochen oder Monate, bis sie einen messbaren Beitrag am Umsatz erwirtschaften. Beim Thema Liquidität geht es daher nicht nur um die Ist-Situation, sondern auch um die Planung verschiedener Szenarien. Am Ende willst du dein Unternehmen weiterentwickeln und dazu sind Liquiditätsplanung und die richtigen Investitionen erforderlich.

Du benötigst die richtige Software

Einen Überblick über die aktuelle und zukünftige Liquidität kannst du durch verschiedene Möglichkeiten der Analyse erhalten. Welche du wählst, hängt vor allem von der Größe des Unternehmens und von deiner Herangehensweise ab.

Viele Unternehmen setzen der Einfachheit halber auf Excel-Tabellen. Meiner Erfahrung nach sollten die meisten Unternehmen ab 100.000 Euro Jahresumsatz jedoch eine passende Software wählen. Diese verschafft einen Überblick über Einnahmen und Ausgaben, sie analysiert aber gleichzeitig den Cashflow in Echtzeit und bereitet ihn in Form von Reportings auf. Dafür müssen die Unternehmenskonten an die entsprechende Software angeschlossen werden, sie ruft die Bankumsätze jeden Tag nach einem gewissen Schema automatisch ab. Ergebnis sind tagesaktuelle Informationen zur Liquidität, zu offenen Positionen und zur Entwicklung des Cashflows in den nächsten Tagen und Wochen. Du kannst Kosten wie Löhne, Mieten oder Lizenzgebühren detailliert analysieren. Ich habe meine Konten angeschlossen und kann dadurch ganz einfach eine Prognose erstellen lassen. Ebenfalls möglich sind Simulationen, die anhand von Szenarien den Einfluss von Risiken und Krisen auf die Liquidität zeigen.

Schlusswort

Du hast jetzt unheimlich viel Input bekommen und dazu auch klare Empfehlungen für die Umsetzung in deinem eigenen Unternehmen. Dir sollte klar sein, dass du die Weiterentwicklung nicht von heute auf morgen meistern kannst. Großer Erfolg braucht Zeit und Ausdauer, daher ist es wichtig, die Dinge mit der richtigen Strategie umzusetzen. Und um die richtige Strategie zu entwickeln, darfst du vorher für dich und dein Unternehmen ein klares Zielbild entwickeln. Ich spreche dabei gerne von der Unternehmensvision.

Wenn du die Vision entwickelt hast, kannst du mit deinem Team Schritt für Schritt daran arbeiten, das Zielbild (= Unternehmensvision) zu erreichen. Achte dabei auf die richtige Reihenfolge. Wie beim Bau eines Hauses ist es wichtig, erst einmal am Fundament zu arbeiten. Dazu ein praktisches Beispiel: Wenn du wachsen willst und über bestimmte Online-Kanäle Kunden akquirieren möchtest, dann musst du vorab das Fundament in Form von Sichtbarkeit, Vertriebsprozess etc. bauen.

Wenn du nicht die richtige Reihenfolge findest, dann hast du zu großen Aufwand und viel zu schlechte Ergebnisse. Gehst du die Aufgaben hingegen in der richtigen Reihenfolge an, wirst du einfacher zum Ziel kommen und Ergebnisse erreichen, die du dir heute noch gar nicht vorstellen kannst.

Dir sollte klar sein, dass beim Verändern oder Etablieren von neuen Dingen nicht immer alles wie am Schnürchen läuft. Es wird also Phasen geben, wo es hakt und anstrengender wird.

Das sind genau die Situationen, auf die es ankommt, also die Phasen, die über deinen Erfolg entscheiden. Die Herausforderung ist es hier, nicht nachzugeben. Wenn du Erfolg willst, dann ist es deine Verantwortung, auch dafür zu arbeiten und dran zu bleiben – also in ungemütlichen Situationen Ruhe zu bewahren und dich wieder voll und ganz auf deine Vision zu fokussieren. Und natürlich den Weg zu deinen Zielen immer weiterzugehen. Und das Schöne ist, du wirst auf dem Weg sehr viele Erfolgsmomente haben. Genieße den Weg und die Erfolge. Feiere deine Erfolge.

Wenn du das Buch bis hierher gelesen hast, dann ist das ein klares Zeichen: Du willst etwas verändern. Du willst mehr Erfolg. Also bleib dran. Du kannst alle deine Ziele erreichen. Gewinner geben nicht auf!

Aber vielleicht möchtest du den Weg nicht alleine gehen? Oder du willst jemanden, der dich offen, ehrlich und direkt dabei unterstützt? Jemand, der weiß, wie das alles funktioniert?

Dann nimm Kontakt mit mir auf. Mein Job ist es, Versicherungsvermittler und -makler bei der Zielerreichung zu begleiten. Dabei kannst du auf meine gesamte Erfahrung und mein Branchen-Know-how zugreifen: hunderte Projekte in der Versicherungsbranche, die mir so einiges gezeigt haben, meine eigene Unternehmerrolle mit zwei Firmen auf Wachstumskurs und eine exklusive Kunden-Community, die sich gegenseitig unterstützt und in der du von Kollegen lernen kannst.

Ganz egal ob und wie du die Dinge anpackst. Es ist deine Verantwortung und dein Erfolg. Ich wünsche dir die allerbesten Erfolge!

Herzliche Grüße

Dein Yannick

Printed in Poland
by Amazon Fulfillment
Poland Sp. z o.o., Wrocław

13895520R00132